Herbert Kretschmer   Ehe und Familie

Ehe und Familie

Die Entwicklung von Ehe und Familie im Laufe der Geschichte

Herbert Kretschmer

Verlag am Goetheanum

Bei dem hier vorliegenden Text handelt es sich um eine vom Autor selbst überarbeitete Nachschrift eines am 8. 4. 1986 im Rahmen der Sektion für Sozialwissenschaft gehaltenen Vortrages.

Einbandgestaltung von Walther Roggenkamp

Satz / Druck: Kirschgarten-Druckerei AG, Basel
ISBN 3-7235-0458-2

Inhalt

Betrachtet man alleine die Pressemeldungen der letzten Zeit, so entsteht unschwer der Eindruck, der Bereich von Ehe und Familie sei aus allen Fugen geraten. Hier einige Beispiele:

«Jeder fünfte gewaltsam ums Leben gekommene Bundesbürger ist ein Opfer seines Ehe- oder Lebenspartners.»[1]

«In der Bundesrepublik Deutschland gibt es 1,9 Millionen Haushalte mit nichtehelichen Lebensgemeinschaften.»[2]

Auf einer familienpolitischen Tagung der Evangelischen Akademie in Tutzing wurde eine neue Ehewunschformel diskutiert: «...solange es gut geht.» Nach Aussage eines evangelischen Pfarrers war der Hintergrund dafür die wachsende Ablehnung gegenüber der alten Trauformel: «...bis daß der Tod euch scheidet.»[3]

«Israeli darf Zweitfrau haben – das Rabbiner-Gericht der südisraelischen Stadt Beerscheba hat einem Bürger das Recht zugesprochen, eine Zweitfrau zu nehmen. Wie der staatliche Rundfunk am Wochenende meldete, darf der Mann mit der Zusatzgattin versuchen, einen Stammhalter zu zeugen. Seine mittlerweile 56jährige erste Frau hatte ihm drei Töchter geboren. Er habe bei den Rabbinern geltend gemacht, daß er mit ihr keine Aussicht mehr habe, dem biblischen Gebot Folge zu leisten, das da lautet: ‹seid fruchtbar und mehret euch!›. Die dreifache Mutter hat gegen die Polygamielizenz Einspruch eingelegt. Nach israelischem Recht sind Mehrfachehen grundsätzlich untersagt. Jüdischen Männern kann aber eine zweite Frau genehmigt werden, wenn ein geistliches Gericht entsprechend entscheidet und die beiden Oberrabbiner des Landes zustimmen.»[4]

«Jede dritte nach 1980 geschlossene Ehe ist mittlerweile nicht mehr von Dauer, 90000 Kinder sind jedes Jahr davon betroffen.»[5]

Diese Meldungen sollen hier am Anfang als Stimmungsbild stehen. Sie sind ohne weiteres beliebig vermehrbar. In ihnen drückt sich Zeitgeschehen aus, hinter dem jedoch geschichtlich Gewachsenes steht. Geschichte ist nicht nur Vergangenes, wenn wir genau hinsehen, finden wir heute vieles in unserer Zeit nebeneinander, was entwicklungsgeschichtlich sich nach und nach im Großen darlegt. Die Frage ist heute für uns: was ist zeitgemäß?

Um Ehe und Familie heute richtig beurteilen zu können, ist es zunächst notwendig, zurückzugehen bis zur lemurischen Zeit, zum Mondenaustritt.[6]

Mit dem Mondenaustritt war die Geschlechtertrennung verbunden, die Trennung des Adam Kadmon, was nicht anderes als «der Mensch» heißt, in Mann und Frau. Der ursprünglich zweigeschlechtliche Mensch wurde geteilt. Zur Hervorbringung eines neuen Menschen, einer neuen Menschenform, war nun die Verbindung der beiden Geschlechter notwendig. Damit war jene Verbindung von Mann und Frau gegeben, die der Fortpflanzung dient.

Mit der Geschlechtertrennung kam ein neues Element in die Welt: die Liebe.[7] Zunächst war das vorherrschende Element dabei die *Blutsliebe.* Das Alte Testament und das Buch Hammurabi[8] mit ihren Regeln für das Zusammenleben der Geschlechter können als Belege hierfür genannt werden. Rudolf Steiner prägte für diese alten Zeiten den Begriff *Nahehe.* Er führte aus, daß die Heirat zunächst innerhalb kleiner Blutsverwandtschaften stattfand. Es galt als «etwas Moralisches, daß die Menschen in zusammengehörigen Stämmen sich heirateten, verwandtes Blut sich nur mit verwandtem Blut mischt».[9]

Bei den alten Atlantiern war zu beobachten, daß die Angehörigen der einen Rasse eine tiefe Antipathie gegen Angehörige einer anderen Rasse hatten. Das gemeinsame Blut bewirkte die Zusammengehörigkeit. Es war unsittlich, einen Angehörigen eines anderen Stammes zu heiraten. «Alle Völker hatten ursprünglich Vorfahren, welche nicht so sehr darauf gesehen haben, keine nahen Verwandten zu heiraten. Eine nahe Blutsverwandtschaft war keineswegs ein Hindernis für die Ehe. Man sagte, daß solche Kinder, die von am nächsten verwandten Eltern abstammten, am meisten erleuchtet waren: Sie waren somnambul.»[10] So kamen zum Beispiel die alten Eingeweihten Ägyptens immer aus der gleichen Familie innerhalb langer Generationsreihen.

In diesen alten Zeiten hatten die Menschen nicht nur ein Gedächtnis von dem, was sie selbst erlebten, sondern auch von dem Leben ihrer Eltern, Großeltern. Dieses vererbte Gedächtnis trug einen Namen, beispielsweise Adam, Seth, Enoch. «Adam war deshalb Adam, und so alt, weil das Gedächtnis sich Jahrhunderte hinauf erhalten hat, weil der, der von einer Persönlichkeit abstammte, sich mit ihr als ein Ich fühlte.
Das alles hieß ‹Adam›, wo das durch die Jahrhunderte hindurchfließende Blut ein solches Gedächtnis erzeugte. Solange das Gedächtnis sich bewahrte in der Generationenreihe und man sich der Ereignisse seiner Vorfahren erinnerte als seiner eigenen, solange sagte man: Adam ist noch da. Man empfand sich gar nicht als einzelne physische Persönlichkeit, sondern man empfand sich als das, was geistig vorhanden war und die Personen zusammen hielt.»[11]

Das Volk des Alten Testaments hielt fest daran, daß die Volksverwandtschaft aufrechterhalten wurde. – Der ist ein «Jude», der dem Blute nach ein Jude ist.

Wir haben es in diesen alten Zeiten mit Ahnenkulten zu tun, der Blick der Menschen ist in die Vergangenheit gerichtet, dies verstärkte das Gemeinschaftsbewußtsein, hieraus bezogen die Menschen ihre Kräfte zur Gestaltung des Sozialen. Ordnungen, Regeln, Gesetze waren Blutsgesetze, Blutsordnungen. «In früheren Zeiten bedeutete es eine für uns unvorstellbare Verstärkung des Gemeinschaftsbewußtseins, daß der Blick der Menschen von der Gegenwart aus in die Vergangenheit ging . . . ‹Ich und der Vater Abraham sind eins› drückt aus, daß der einzelne sein Ich-Bewußtsein auf den Zusammenhang mit den hinter ihm liegenden Generationen gründete, nicht auf sein individuelles unmittelbar gegenwärtiges Selbst.»[12]

Diese Verhältnisse fanden einen gewissen Abschluß mit dem Übergang von der ägyptisch-chaldäisch-babylonischen Zeit zur griechisch-römischen Zeit (die ägyptisch-babylonisch-chaldäische Zeit dauerte von 2907 bis 747 vor Christus, die griechisch-römische Zeit von 747 vor Christus bis 1413 nach Christus).[13] Hier beginnt etwas Neues. Die Liebe wandelt sich. War die Liebe einst eingebunden in Blutszusammenhänge, so wird sie jetzt nach und nach zum persönlichen Wunsch, ein Abenteuer, die Frau eine Eroberung in der Ferne – Beispiel: Raub der Helena. (Auf die mit Matriarchat/Patriarchat zusammenhängenden Fragen kann hier, auch wenn sie im Hintergrund anklingen, nicht eingegangen werden.)

Eine neue Ordnung kündet sich an, es beginnt die Auflehnung gegen die Blutsverwandtschaft. Zunächst heiratete man aus dem Stamm heraus, noch nicht in ein anderes Volk. Bezeichnete Rudolf Steiner die Ehe innerhalb von Blutszusammenhängen als «Nahehe», so nennt er die neue Form der Ehe, die nicht mehr an Blutsverhältnisse gebunden ist, *Fernehe.* Diese Fernehe wurde bei verschiedenen Völkern zu verschiedenen Zeiten eingeführt. Rudolf Steiner erwähnt im Hinblick auf die Fernehe auch die Römerzüge, diese hatten unter anderem auch zur Folge, daß die Nahehe immer mehr durchbrochen wurde; die verschiedensten Völker wurden durcheinander gewürfelt.

Mit der Entwicklung der Fernehe ist die Ausbildung des Verstandes verbunden. Das alte somnambule Anschauen verschwindet. Eine neue Art des Anschauens tritt auf: die Urteilskraft. Die Blutsbande zerreißen immer mehr, die Menschen beginnen sich auf das eigene Ich zu stellen, zunächst als Persönlichkeit im Recht. Heute ist die Menschheit der Fernehe so angepaßt wie früher der Verwandtenehe.

Die Verwandtenehe wirkt (nach Rudolf Steiner) heute degenerierend, schädigend auf die geistige Tätigkeit der Kinder, besonders auf das Sinnesorgan, das mit der Verstandesentwicklung zusammenhängt, das Auge. In diese Richtung weist auch die Ödipussage: Ödipus tötete den Vater, heiratete die Mutter; als er dies erkannte, blendete er sich. Das Blut spricht nicht mehr in ihm, er erkennt hier weder Vater noch Mutter und durch das Blenden weist er die neue Kraft, den Verstand, zurück.

Das Herausgehen der Menschen aus den engen Blutsverwandtschaften, ihr Individuell-Werden, steht für Rudolf Steiner in engem Zusammenhang mit dem Christentum. Er weist darauf hin, daß die Völker überhaupt erst reif werden für das Christentum, wenn sie die Verwandtschaftsliebe überwunden haben werden.

Eine Folge des Aufkommens von Fernehe und Verstandesentwicklung war, daß der Mensch sich immer mehr der Erde zuwandte, sich immer mehr von der geistigen Welt abschnürte. Immer weniger war er in der Lage, in sie direkt hineinzusehen. Alte Offenbarungen wurden nun in Form von Mythen, Sagen, religiösen Urkunden weitergegeben. Das Wort «religio» deutet darauf hin. Ein Dualismus taucht auf: einerseits die Religion, die Rückschau, die Anknüpfung an alte Offenbarungen, andererseits der Verstand, der Hinblick auf die irdische Welt. Damit war der Weg frei zu einem Recht, das den Menschen nicht mehr nur aufgrund seiner Zugehörigkeit zu einer Blutsgemeinschaft ansieht, sondern das den Menschen als Träger persönlicher Rechte anerkennt. In Rom taucht der freie Bürger auf. Die Zugehörigkeit zu einer Gemeinschaft muß nicht mehr auf Blutsbande gründen, sie kann ebenso auf einem formalen juristischen Akt fußen. So war im alten Rom die Adoption familienloser Plebejer-Kinder, ja sogar von Sklaven, als Erbsöhne möglich.[14] Nach und nach verschwindet auch die sogenannte Vatermunt, so bei den Juden gegen Ende des 6. Jahrhunderts vor Christus; Konstantin der Große bezeichnete im Jahr 318 nach Christus die

Kindstötung als Verwandtenmord.[15] Unter «Vatermunt» verstand man folgendes: «Durch das ‹Aufnehmen des Kindes› nimmt der Vater das Kind in die Sippe auf. Vor der ‹Aufnahme des Kindes› ist es ihm – nicht Dritten – gegenüber rechtlos. Die Nichtaufnahme bedeutet Aussetzung oder eine andere Form der Tötung des Kindes.» Zu den «Dritten» gehörte, insoweit «Vatermunt» herrschte, auch die Mutter, wie es bei den Germanen meistens der Fall war, «da es sich um patrilineare Stämme handelt... Die Patrilinearität bedeutet, daß die Frauen keine vollkommene Kontrolle über die Fortpflanzung mehr ausüben können. Lediglich bei den Friesen behalten sie das Recht auf Tötung des... neugeborenen Kindes (Lex Frisionum V, 1). Bei den übrigen Stämmen wird die Tötung eines Kindes durch die eigene Mutter behandelt, als ob sie durch einen Dritten geschehen wäre, also Mord – allerdings nicht durch Hinrichtung bestraft.»[16]

«Das Wort ‹Ehe› bedeutet ursprünglich ‹Gesetz›. Das Wesensmerkmal der Ehe ab Rom ist die rechtliche Anerkennung des Ehewillens von Mann und Frau.» Eine wirksame Ehe wird bewirkt durch «die Übereinstimmung von Mann und Frau in Ehewillen und Absicht der Familiengründung». Die Eheschließung fand öffentlich statt, es gab Brauchtum und Sitten, Heimlichkeiten sollten verhindert werden.[17] War in den Zeiten vor Rom die Blutsströmung, das Blutsrecht als Einheit maßgebend für die Eheschließung, so treten nun zwei Strömungen, zwei Ebenen im Hinblick auf die Ehe auf, *Copula* und *Popula.* Die Copula-Strömung, die zusammenhängt mit der Fortpflanzung, bleibt bestehen, hinzu tritt eigenständig die Popula-Strömung, das Recht, das zwischen den Ehegatten unabhängig von Blutszusammenhängen entsteht. Die Copula-Strömung kann dabei weitgehendst gleichgesetzt werden mit *Familie.* Hiermit ist der Blutszusammenhang zwischen den Eltern und ihren Kindern gemeint. Zu berücksichtigen ist, wenn hier vom Ehewillen von Mann und Frau gesprochen wird, daß sich der römische Mensch, ebenso noch der Mensch des Mittelalters, vom heutigen Menschen dahingehend unterscheidet, daß er sich vorrangig einem Volke zugehörig fühlte; die Volksseele war dasjenige, was die Individuen zusammenhielt, die Individualität spielte keine wesentliche Rolle. Selbst ein Cäsar war «nur» der oberste Römer. Wichtig jedoch hier ist festzuhalten, daß die Ehegesetze seit Rom keine reinen Blutsgesetze mehr sind, das Blutsrecht versiegte nach und nach. Die Ehe und alles was mit ihr zusammenhängt, ist jedoch im weiteren Verlauf der Geschichte zunächst im wesentlichen davon geprägt, die Erbfolge zu sichern, die Familie zu erhalten, das heißt, sie ist weiterhin an der Vererbung orientiert.

Erwähnenswert ist die Auffassung der Römer hinsichtlich dessen, was eine Ehe ist. Für sie war es «unvorstellbar, daß ein derart grundlegender Lebenssachverhalt, wie das auf Lebenszeit angelegte Zusammenleben der Ehegatten, durch einen einmaligen scharf umgrenzten Rechtsakt begründet werden könne. Die Übereinstimmung im Willen oder freien sittlichen Bewußtsein der beiden Gatten, daß ihre Gemeinschaft eine Ehe sei, erschöpft sich nicht in einer einmaligen Einigung, sondern man nimmt die im Gesamtverhalten der Ehepartner während der Dauer ihres Zusammenlebens ständig aufs neue bestätigte eheliche Gesinnung [. . .] als ehebegründend an. Kurz: die römische Ehe wurde gelebt, die moderne wird geschlossen.»[18]

Der Übergang von der Nahehe zur Fernehe vollzog sich über lange Zeiten, wie schon ausgeführt, bei verschiedenen Völkern zu verschiedenen Zeiten. Werfen wir einen Blick auf das germanische Eherecht; dort waren zwei Eheformen bekannt, die *Muntehe* und die *Friedelehe:*

«*Muntehe*

Zur Zeit der Christianisierung überwog in unserem Lebensraum noch die Muntehe oder Sippenvertragsehe. Die erste der beiden zeitlich und räumlich getrennten Rechtshandlungen, die zusammen die Ehe begründeten, betraf die Sippen, die zweite die Partner des Eheabschlusses. In der ersten Handlung erstem Akt schlossen die Sippen im Elternhaus der Braut nach vorher ausgehandelten Bedingungen den Muntvertrag, der die Übergabe der Braut aus der elterlichen Herrschaft (Munt) in die neue des Mannes regelte und die Gegengabe festlegte. Der Vollzugsakt oder die Ratifizierung dieses Vertrages war die faktische Übergabe der Braut durch den Muntanwalt (in der Regel Vater oder Vormund der Braut). Zum Zeichen, daß sie ihm jetzt unterstellt und seinem Schutze anbefohlen war, wurde die Braut bei einem feucht-fröhlichen Fest der beiden Familien auf den Schoß des Freiers gesetzt. – Bei diesem ersten Rechtsvorgang, dem Herrschaftswechsel, war die Braut sozusagen als Gegenstand des Geschäftes fast unbeteiligt, denn sie war dem Heiratszwang der Familien unterworfen.

Mit der zweiten Rechtshandlung begründeten die Brautleute als selbständige Partner ihre Haus- und Lebensgemeinschaft. Eine fröhlich-lärmende Hochzeitsgesellschaft geleitete die Braut in das zukünftige Haus der Eheleute, wo sie der Mann in Empfang nahm und über die Schwelle trug; den anschließenden Hochzeitsschmaus bereitete sie bereits als selbständige Hausfrau und Herrin. Im zweiten Akt dieser Handlung, dem Vollzugsakt, bestieg das Paar symbolisch in Gegenwart von Zeugen sein Ehebett und begründete damit real den Treuebund als Leibes- und Lebensgemeinschaft. Jetzt erst, nach ‹vollzogener› Beiwohnung, ist das Eheweib ‹Genossin› auch in bezug auf die güter- und erbrechtlichen Wirkungen.

Seit dem 9. Jahrhundert wächst zunehmend – nicht ohne Einfluß der Kirche – die rechtliche Eigenständigkeit der Braut. Diese neuen Vorstellungen beginnen gleichzeitig die herrschaftliche Seite des Eheschlusses abzumildern: Geschlechtsvormundschaft, Herrschaftswechsel und familiärer Heiratszwang weichen in dem Maße zurück, als das Recht des einzelnen mehr Gewicht erhält und die jungen Leute eine gewisse Selbständigkeit in der Gattenwahl erlangen. Diese zweite, genossenschaftliche Handlung, ausgedrückt durch Heimführung und Beilager, wird zur eigentlichen Eheschließung. Diese so gewandelten Formen der Muntehe können sich nun mit denen der Friedelehe (Liebesehe) verbinden.

Friedelehe

Diese Weise der Eheschließung besteht schon verhältnismäßig früh neben der Muntehe und hat sich in den Fällen Geltung erringen können, in denen kein Herrschaftswechsel stattfinden konnte, zum Beispiel weil der Braut die Ebenbürtigkeit fehlte. In der ersten Handlung standen einander gegenüber das Gespräch im Ring der Blutsfreunde (1. Akt) und die gemeinsame Willenserklärung und wechselseitige Treueverpflichtung der Brautleute (2. Akt). Beide zusammen und auch immer enger zusammenwachsend bildeten rechtlich den Mittelpunkt und in der Gestaltung den Höhepunkt der Heirat. Ihre Bedeutung steht in der Herausstellung des Konsenses (der Übereinkunft) der Freier als allein ehebegründenden Rechtsaktes und deshalb in der Ausschaltung der Munt des Ehemannes, der ursprünglich herrschaftlichen Seite des Ehevorganges. Heimführung und Beilager verlieren ihre Bedeutung als zweite Handlung. Sie sind keine Rechtssymbole mehr, sondern bilden den festlichen Anfang der ehelichen und häuslichen Gemeinschaft.»[19]

Die *Kirche* begann im Verlaufe des 11. und 12. Jahrhunderts zunehmend in die Ehe einzugreifen.[20] Vorher finden sich vielfältige Abhandlungen der Kirchenväter, Frühscholastiker, Scholastiker und so weiter über das Wesen der Ehe, aber bis zum Ende des Mittelalters wurden rechtliche Fragen von der Kirche nicht beantwortet. Die Ehe stand im Range unter der Jungfräulichkeit, der Hauptzweck war, «dem Geschlechtstrieb in einer wechselseitigen Verpflichtung der Gatten [...] Genüge zu tun». Ferner diente sie der Fortpflanzung.[21] Man berief sich dabei auf Paulus: «Der Mann leiste der Frau die schuldige Pflicht, desgleichen die Frau dem Manne. Die Frau ist ihres Leibes nicht mächtig, sondern der Mann. Desgleichen der Mann ist seines Leibes nicht mächtig, sondern die Frau.»[22]

Im Mittelalter sind verschiedene Formen der Eheschließung zu finden. Diese Formen hatten sich herausentwickelt aus früheren Stammesrechten, sie wiesen Differenzierungen nach einzelnen Ländern und Gebieten auf. Auch aufgrund der gesellschaftlichen Position ergaben sich Unterschiede. Beim Adel war es besonders wichtig, daß die Ehe öffentlich geschlossen wurde. Hier herrschte der Grundsatz: Je mehr Öffentlichkeit, desto verbindlicher ist die Ehe als rechtsgültig anzusehen oder, anders ausgedrückt, je mehr Öffentlichkeit, desto mehr Wirklichkeit der Ehe. Das einfache Volk heiratete zu Hause vor Zeugen, aber auch außer Haus vor fremden Zeugen, zum Beispiel im Wirtshaus, teilweise auch ohne Zeugen; das Versprechen der Ehe wurde dann bekräftigt durch ein Geschenk, durch einen Kuß oder durch Beischlaf.[23]

Der Adel stand schon von der Position her mehr in der Öffentlichkeit. Hier war die Ehe auch Machtmittel; Trauungen, Verstoßungen waren gang und gäbe. So hieß es zum Beispiel noch im 18. Jahrhundert im Hinblick auf Österreich: «Mögen andere Kriege führen, du glückliches Österreich heirate.» Die Kirche beobachtete zwar diese Vorgänge, aber erst im 11., 12. Jahrhundert begann sie, hier mitzuwirken.

Das Merkmal der Unauflöslichkeit fehlte damals ebenfalls noch. Beim einfachen Volk galt es zwar als Selbstverständlichkeit, daß die Ehe unauflöslich ist, wobei aber dies eher darin begründet war, daß man bei einer Trennung nicht wußte, wohin man gehen sollte, man wäre dann mittellos gewesen; das einfache Volk war an die Scholle gebunden.

Ebenso wie die Kirche zwar beobachtete, wie der Adel die Ehe als Machtmittel verwendete, aber nicht eingriff, hatte die Kirche auch lange Zeit keinen Einfluß auf die Zeremonie, auch wenn Priester beteiligt waren, beispielsweise durch Segnung des Brautbettes oder Segnung der Ehe in der Kirche.[24]

«Vom 12. Jahrhundert an wird die vormals nebensächliche Rolle des Geistlichen immer wichtiger und zentraler.»[25] Nach und nach (bis im 17. Jahrhundert endgültig) verlagert sich die Eheschließung in die Kirche, zunächst aus dem Haus, ihrem traditionellen Ort, auf einen allgemein zugänglichen öffentlichen Platz, dies war der Platz vor der Kirchentür. Es lag dann nahe, nach der Eheschließung in die Kirche zu gehen. Schließlich fand alles in der Kirche statt. So gab es zum Beispiel in der Lombardei Mitte des 16. Jahrhunderts Vorschriften, wie man sich bei der Trauung in der Kirche zu verhalten hat. Es wurde unter anderem untersagt, in der Kirche zu essen, zu trinken, zu spielen, unanständige Lieder zu singen und ähnliche Dinge zu treiben.»[26]

Im Mittelalter waren nicht nur verschiedene Eheschließungsformen vorhanden, sondern auch unterschiedliche theologische Auffassungen davon, was überhaupt eine Ehe sei, wann sie geschlossen ist, ob sie nur aufgrund der Willenserklärung der beiden Ehegatten zustande kommt, ob dazu die Copula zu treten hat oder ob allein die Copula entscheidend ist dafür, wann eine Ehe als geschlossen zu gelten hat.

Papst Alexander III., 1159–1181, setzte eine Kompromißlösung in Kraft, die noch heute Gültigkeit besitzt. Dies war notwendig, da es verschiedene theologische Schulen gab. Die Kompromißlösung lautete:

«1. Kernelement des Eheschlusses ist der den gegenwärtigen Ehewillen bezeugende Konsens der Brautleute. Liegt er vor (und kann er bewiesen werden), so handelt es sich um eine vollgültige, grundsätzlich unauflösliche Verbindung, die insbesondere einer späteren fleischlich vollzogenen Ehe nicht zu weichen braucht.

2. Die durch Erklärung geschlossene, aber noch nicht vollzogene Ehe verkörpert noch nicht die vollständige sakramentale Symbolik der Vereinigung Christi mit seiner Kirche und kann daher, wenn auch nicht (mehr) durch Willkür der Kontrahenten, so doch aus wichtigem Grund durch päpstlichen Dispens getrennt werden.
3. Vor dem ehebegründenden gegenwärtigen Abschlußkonsens wird der auf die Zukunft bezogene Konsens als Verpflichtung zur zukünftigen Eheeingehung unterschieden. Trat zu diesem Verlöbnis die Copula hinzu, so wurde es kraft unwiderlegbarer Vermutung als vollgültige und unauflösliche Ehe angesehen, während es vorher aus einer Reihe von Gründen – darunter die Eheschließung eines Verlobten mit einem Dritten – gelöst werden konnte.»[27]

Ungeachtet dieser theologischen Kompromißlösung gab es weiterhin sogenannte Winkelehen, das heißt den Abschluß vieler heimlicher Ehen ohne Zustimmung der Eltern, ohne Zeugen, ohne kirchlichen Segen, aber auch Auflösungen, Trennungen und erneute Heirat. Staat und Kirche versuchten immer mehr und mehr, durch Strafen dagegen zu wirken. Alle Gegenmaßnahmen aber fruchteten nichts, solange die Kirche zur gleichen Zeit gezwungen war, aufgrund ihrer Anschauung, zuzugeben, daß selbst im Falle des Ungehorsams die Gültigkeit der heimlich geschlossenen Ehe nicht zu bestreiten war.

Das Gebot eines Aufgebotes, das auf dem Laterankonzil von 1215 im Hinblick auf die Eheschließung beschlossen wurde, führte zu keiner Änderung. Erst das Konzil von Trient, 1545 bis 1563, brachte die Verpflichtung zum öffentlichen Aufgebot und zur Abgabe des Konsenses der Ehegatten vor einem Pfarrer und zwei Zeugen; sonst war die Ehe nichtig.[28]

In «Glaube, Dogma, Macht – Zur Geschichte der Konzilien» zitiert Renate Riemeck folgenden Text aus dem Concilium

Tridentinum: «Obwohl nicht bezweifelt werden kann, daß heimliche Ehen [...], die mit freier Zustimmung der Partner eingegangen wurden, gültige und wirkliche Ehen sind, solange die Kirche sie nicht für ungültig erklärt, [...] so hat die heilige Kirche Gottes sie doch immer verabscheut und verboten. [...] Da die Ehe unter dem Gesetz des Evangeliums durch Christi an Gnade höher steht als die alte Geschlechtsverbindung, so lehrten unsere heiligen Väter, die Konzilien und die gesamte kirchliche Überlieferung stets mit Recht, daß sie zu den Sakramenten des neuen Bundes zu zählen ist.»[29]

Hieraus geht eindeutig hervor: «Die Ehe ist also keineswegs ein ewiges Sakrament, sondern hat diese Stellung erst seit dem Jahre 1563.»[30] Zwar bezeichnet bereits Augustinus neben Nachkommenschaft und Treue auch das Sakrament als eines der Güter der Ehe,[31] diese Auffassung griff jedoch nicht in den Willen der Eheleute ein. Erst mit der Zuordnung der Ehe zu den Sakramenten des Neuen Bundes, wie es das Konzil von Trient tat, entstand eine verbindliche Form, hinter die der Gestaltungswille des einzelnen beziehungsweise der beiden Ehegatten zurückzutreten hat. Johannes Gründel, ein zeitgenössischer Theologe, führt dazu aus: «Ehe als Sakrament bedeutet aber auch, daß jedes individualistische Eheverständnis damit zurückgewiesen wird.»[32]

Es stellt sich die Frage: Warum kam es zu diesem Beschluß des Konziles von Trient? Verfolgen wir zunächst die Auffassung verschiedener Autoren. Aries kommt zu dem Schluß, die Kirche wollte ihr Ehemodell und ihre Vorstellungen von Sexualität der Gesellschaft aufzwingen.[33]

Für Basfeld handelt es sich hier um eine Machtfrage. Über die Beichte – da die Ehe vollgültiges Sakrament ist, Verstöße somit gebeichtet werden mußten – konnte die Kirche die Gläubigen in dieser Hinsicht kontrollieren.[34]

Renate Riemeck weist in diesem Zusammenhang auf die

Reformation hin. Durch diese wurde der Ehe der sakrale Charakter bestritten. «Martin Luther hatte die Ehe mit seiner Katharina von Bora bereits vollzogen, ehe er mit ihr vor den Altar trat und sich den Segen für die Verheiratung geben ließ. Die Ehe war für ihn und die anderen Reformatoren kein Sakrament. Das Tridentinum aber sprach das Anathema (Verfluchung) über alle aus, die leugnen, daß das Ehesakrament von Christus selbst eingesetzt worden sei.»[35]

Des weiteren ist hier zu berücksichtigen, daß sich die Kirche aufkommenden Nationalstaaten gegenüber sah; die Möglichkeit autonomer Staatskirchen war gegeben. Eine einheitliche Kirchenordnung konnte dem entgegen wirken.

Das Konzil von Trient fällt in die Zeit, die Rudolf Steiner als den Beginn des Zeitalters der Bewußtseinsseele bezeichnet. Das Mittelalter geht zu Ende, die alten Gemeinschaftsformen, teilweise noch herrührend aus Blutszusammenhängen, verlieren nach und nach an Bedeutung. Der Mensch beginnt sich auf sich selbst zu stellen. Dies kann an drei großen Persönlichkeiten der Kunst der damaligen Zeit beobachtet werden: an Raphael, Michelangelo und Leonardo da Vinci. Hat man bei den Bildern Raphaels den Eindruck, hier werde noch einmal der ganze alte Kosmos lebendig, die Heimat des Menschen, aus der er herabgestiegen ist auf die Erde, kosmische Harmonie und Vollkommenheit komme zum Ausdruck, so ist Leonardo da Vinci derjenige, der den Menschen ansieht und darstellt, wie er in dieser Welt erscheint. Seine anatomischen Studien sind ein beredtes Beispiel dafür. Er weist auch durch vielfältige Erfindungen in die Zukunft. Michelangelo, dessen Schicksal eng mit den Mächtigen der Zeit verbunden ist, steht zwischen ihnen. Mit anderen Worten kann gesagt werden: Der Weg von Raphael über Michelangelo zu Leonardo da Vinci ist der Weg der Menschheit. Der Mensch wurde geschaffen und auf die Erde gestellt, immer mehr ergriff er diese, trennte sich damit von seinem kosmischen Ursprung, erlangte jedoch dadurch die Möglichkeit, selbstgestaltend in die Erd- und Weltentwicklung einzugreifen. Verbunden mit diesem Prozeß, der bei weitem noch nicht abgeschlossen ist, ist die Möglichkeit des Menschen, wieder zu seinem geistigen Ursprung zurückzukehren, dann aber in Freiheit und Liebe. Hier besteht ein enger Zusammenhang mit der Erscheinung der Christus-Wesenheit auf der Erde, mit dem Mysterium von Golgatha. Der Beginn der Neuzeit, der Beginn des Zeitalters der Bewußtseinsseele, markiert einen Wendepunkt in der Menschheitsgeschichte. War vorher der einzelne eingebunden in die Kräfte der Gattung, des Blutes, trat die Individualität hinter diese zurück, so ist nun das Gegenteil der Fall. Immer wichtiger wird es für die Zukunft, menschliche Zusammenhänge aus den Kräften der Individualität heraus zu gestalten. Die Gattung und alles, was damit verbunden ist, haben dieser zu dienen.

Ein Kennzeichen des griechisch-römischen Zeitalters der Menschheitsentwicklung, in das auch das Mysterium von Golgatha fiel, war der Beginn der Verstandesentwicklung. Der Mensch begann, die Welt mit seinem Verstand zu durchdringen. Aristoteles kann als Repräsentant dieser Entwicklung, an deren Anfang er steht, genannt werden. Ein Ausdruck für dieses Zeitalter war das Begreifen des Menschen als eigene Rechtspersönlichkeit, als Träger von persönlichen Rechten, die er auch gegenüber der Gemeinschaft durchsetzen konnte. Dies fand auch, wie aufgezeigt, im Hinblick auf die Ehe seinen Niederschlag. Im Hinblick auf das Zeitalter der Bewußtseinsseele ist nun die Frage zu stellen, welche Form der Ehe diesem entsprechen würde. Der Beschluß des Konzils von Trient, die Entscheidung über die Wirksamkeit der Ehe den Eheleuten zu nehmen und in die Hände der Kirche zu legen, bringt nichts Neues, im Gegenteil: er stellt einen Rückschritt dar.

Die Kirche setzt sich an die Stelle der alten Instanzen wie Familie, Sippe, Stamm und so weiter, die über den einzelnen bestimmten im Hinblick auf die Eheschließung. Individueller Gestaltungswille wird den Eheleuten abgesprochen. Ferner ist wichtig in diesem Zusammenhang, daß das Prozeßhafte der römischen Auffassung, die Ehe habe sich «im Gesamtverhalten der Eheleute während der Dauer ihres Zusammenlebens» ständig aufs neue zu bestätigen, für die Kirche keine Bedeutung hat. Ein einmaliger Akt legt das Zusammenleben der Ehegatten auf Lebenszeit fest.[36]

Neben der Kirche trat der Staat als derjenige auf, der ebenfalls ein Interesse an verbindlichen Formen der Eheschließung hat. Wurde in Holland bereits 1580 die Zivilehe eingeführt (Mischehen waren auch möglich), so in Frankreich 1792, in der Schweiz 1874 und in Deutschland 1875.[37] In England galt bis 1754 ein vortridentinischer Zustand, da die englische Kirche sich unter Heinrich VIII. vor dem Konzil von Trient von der römisch-katholischen Kirche getrennt hatte. 1754 wurde ein staatlicher Eheschließungsformzwang eingeführt, um heimliche Ehen zu verhindern.[38]

An dieser Stelle sei noch auf einige Maßnahmen der Eheverhinderungspolitik seitens des Staates hingewiesen.[39] Die Grundtendenz dieser Maßnahmen bestand darin, daß nur besitzende Leute heiraten sollten. «Ein Bauer mußte, wollte er eine Ehe eingehen, vorher die Heiratsbewilligung seines Grundherrn einholen. Zudem hatte er für die Erteilung des Ehekonsenses eine Gebühr zu entrichten, die oft außerordentlich hoch war (so mußten zum Beispiel in Bayern bis zu 50 fl. an den Grundherrn bezahlt werden) . . . Die Politik, das Heiraten der Dienstboten und später auch der Tagwerker zu beschränken, geht bis auf das 16. Jahrhundert zurück.» 1553 hieß es in Bayern, «Gesindepersonen, die sich trotz dieses Verbotes verheirateten und ihrem Herrn entliefen, um in einer sogenannten Winkelherberge unterzukommen», sollten von dort vertrieben werden und ihren Dienst am Bauernhof wieder verrichten.

Erst in der zweiten Hälfte des 18. Jahrhunderts tauchten Bedenken gegen die Eheverhinderungspolitik auf. In Österreich gar galten bis 1920 Beschränkungen der Ehefähigkeit. Die politische Obrigkeit war befugt, Personen die Eheschließung zu versagen, welche an einer Armenversorgung Anteil hatten, dem Bettel ergeben waren oder sonst ein unanständiges erwerbsloses Leben führten.

Heute stellt sich bei uns die Situation so dar, daß der Staat im großen und ganzen nicht festlegt, wie eine Ehe sich gestalten soll. Er regelt lediglich die Heirat. Die katholische Kirche hat im Sakrament festgelegt, was eine Ehe zu sein hat. «Die Protestanten sehen in der staatlichen Heirat eine vollauf genügende Bedingung für eine gültige Ehe. Die nachherige kirchliche Begehung ist keine Trauung mehr, welche die erste wiederholt oder gar zur Geltung bringt. Das Paar ist [...] bereits Ehepaar. Es stellt sich nun in der kirchlichen Trauung unter das Wort Gottes, wie es in seiner Kirche verstanden wird, empfängt den Segen und bekundet die Zugehörigkeit zu dieser Kirche.»[40] Ferner gilt bei uns heute die Einehe; ebenso gilt, daß die Ehe auf Lebenszeit geschlossen wird. Hier wurde nur vom Eheverständnis in unserem Kulturraum gesprochen. Über die Erde hin gibt es die verschiedensten Eheformen; wollte man diesen nachgehen, würde das den Rahmen dieser Darstellung sprengen.

Bis jetzt wurden zwei Ebenen der Ehe betrachtet: einerseits die Copula-Ebene, die im wesentlichen mit Fortpflanzung, Vererbung, Nachkommenschaft und Blutsliebe in Verbindung gebracht wurde, und andererseits die Popula-Ebene, die sich mit dem römischen Recht, das das alte Blutsrecht ablöste, eigenständig neben die Copula-Ebene stellte, die bis dahin alles umfaßte. Berücksichtigt man nur diese beiden Ebenen, kann man sehr leicht zu dem Schluß kommen: Ehe ist gleich Familie. Betrachtet man den Menschen jedoch nicht nur als Gattungswesen mit der Möglichkeit, sich rechtlich als eigene Persönlichkeit zu verstehen, sondern auch im Hinblick auf seine Individualität, sein Geistwesen, seine Entelechie, die sich immer wieder in gewissen Zeitabständen in einer Menschenform inkarniert, so ist zu fragen, ob nicht auch diese Ebene des Menschseins eine Entsprechung in der Ehe finden kann, ob die Beziehung Mann – Frau mehr beinhaltet als nur die Hervorbringung und gemeinsame Sorge um die Nachkommenschaft.

In der römischen Auffassung, was eine Ehe ist, so kann vermutet werden, klang etwas dahingehend an. Es ging nicht nur um die Einigung von Mann und Frau im Hinblick auf die Eheschließung; sondern die Art des Zusammenlebens zeigte, ob eine eheliche Gesinnung vorhanden war. Allerdings wurden Mann und Frau eher als Träger von persönlichen Rechten gesehen, nicht so sehr im Sinne ihrer Individualität. Erst mit dem Eintritt der Menschheit in das Bewußtseinsseelenzeitalter, insbesondere mit dem Beginn des 20. Jahrhunderts, trat die Möglichkeit hervor, die dritte Ebene zu gestalten. Diese soll *Consens*-Ebene genannt werden, womit auf den Consens zwischen den Individualitäten der Eheleute hingewiesen wird.

In der Literatur, auch in der anthroposophischen[41] teilweise, wird Ehe mit Familie weitgehendst gleichgesetzt. Dies ist sicherlich richtig für früher, als man unter einer Ehe Copula und Popula, Familie und Recht verstand. Liebe und Gefühl gehörten da nicht hin.

Verband ursprünglich die Menschheit die Blutsliebe, so begann der Mensch mit dem Beginn des vierten nachatlantischen Zeitraums, der griechisch-römischen Zeit, sich nach und nach emanzipiert von diesen Blutszusammenhängen als Rechtsperson in die Welt zu stellen. Vernunft begann mehr und mehr die Beziehungen zu regeln, vor der Liebe zwischen den Ehegatten wird sogar gewarnt. Hierzu verweist zum Beispiel der Kirchenvater Hieronymus (um 347–420) auf den römischen Philosophen Seneca: «Schädlich handelt aber auch, wer in allzugroßer Liebe zu seiner eigenen Frau entbrennt. (Allzugroße Liebe, das ist die unbändige Liebe, die Leidenschaft, welche die Geliebten außerhalb der Ehe empfinden.) Ein vernünftiger Mann soll seine Frau mit Besonnenheit lieben, und nicht mit Leidenschaft; er soll seine Begierde zügeln und sich nicht zum Beischlaf hinreißen lassen. Nichts ist schädlicher, als seine Frau wie eine Mätresse zu lieben (...). Der Mann soll sich seiner Frau nicht als Geliebter, sondern als Gatte nähern.»[42]

Bei Thomas von Aquin heißt es: «Die Ehe steht zunächst im Dienst der Erhaltung der Gattung, die sich durch die sexuelle Vereinigung vollzieht. Der Mensch reproduziert sich aber als ein vernünftiges Tier. Die durch Zeugung implizierte Erziehung dauert lange und erfordert die Hilfe beider Elternteile, die also wegen des Kindes zu gegenseitiger Freundschaft veranlaßt werden.»[43]

Hier wird ausgesagt, die Ehe diene der Arterhaltung. Damit ist die Ehe gleich Familie. Thomas von Aquin ordnet diese ferner dem Gemeinwohl unter.

Bei den Griechen ist die Ehefrau vom öffentlichen Leben vielfach ausgeschlossen, ins Innere des Hauses verbannt. Zur Befriedigung geistiger Bedürfnisse stehen dem Mann Hetären zur Verfügung.

Eine ähnliche Situation finden wir im Rittertum wieder. Die Ehe dient der Nachkommenschaft, der Arterhaltung, der Altersversorgung, der Machterhaltung – je nach Stand. Liebe, geistige Befriedigung, geistige Heimat suchte man woanders: in der Minne, in der Kirche, in der geistigen Versenkung, als Mönch oder als Nonne. Oft trennten sich die Ehegatten, wenn die Kinder groß waren, und zogen sich im Alter in ein Kloster zurück. Der mittelalterliche Mensch lebte ohne große Schwierigkeiten in zwei Welten. Ehe und Familie sind in dieser Zeit weitgehendst gleichbedeutend.

Die deutsche Sprache hat kein eigenes Wort für «Familie»; früher sprach man statt dessen vom «Haus». Erst im 18. Jahrhundert dringt das Wort Familie in die Umgangssprache ein und gewinnt die Gefühlsbezogenheit, die es heute hat. Familia, von «famulus» abgeleitet, kann noch im mittelalterlichen Latein diejenigen bezeichnen, die zu einem Haus, einer Burg, einem Schloß, einem Fürstenhof gehören. «Das Haus, die Wirtschaft ist das grundlegende Sozialgebilde aller bäuerlichen und bäuerlich-adeligen Kulturen. [...] Es ist ein Grundelement der Verfassung.» Die Herrschaftsgewalt stand dem Hausherrn zu, manchmal auch Witwen. Der Haushalt war die Voraussetzung für die Ausübung der vollen politischen Rechte in einer Dorf- oder Stadtgemeinde.[44] Der Ausspruch «Eigener Herd ist Goldes Wert» hat hier seinen Ursprung. Wer keinen eigenen Herd vorweisen konnte, durfte nicht heiraten.

Hinsichtlich der Größe der Familien gibt es in der Literatur unterschiedliche Angaben. So wird einerseits die vorindustrielle Großfamilie weitgehendst als Mythos der Romantik bezeichnet, andererseits als eine Form der Familie gesehen, die neben kleineren Familien vorhanden war.[45]

Die Familie hatte früher verschiedene Funktionen, beispielsweise Fortpflanzung, Sozialisation, Alterssicherung, wirtschaftliche Sicherung überhaupt, Schutz, Gerichtsbarkeit und Kultfunktion. In der Neuzeit fand ein Umstülpungsprozeß statt: Funktionen von innerhalb der Familie werden nach außen abgegeben, zum Beispiel Erziehungsaufgaben, Krankenversicherung, Alterssicherung, um nur einige zu nennen. Ausschlaggebend für diesen Änderungsprozeß ist, daß sich Wohnung und Arbeitsplatz trennen. Damit taucht etwas auf innerhalb der Familie, was es im Mittelalter nicht gegeben hat: die Privatheit. Liebe, Intimität zwischen den Familienmitgliedern wird dadurch möglich. Man begegnet sich nicht mehr so sehr in Arbeitszusammenhängen, die mit dem Haus als Existenzgrundlage verbunden sind, sondern mehr in der Freizeit, der Zeit, die selbst zu gestalten ist. Wenn heute immer wieder vom «Funktionsverlust» der Familie gesprochen wird, ist das nur eine Seite, die Familie hat auch Funktionsgewinn.

Die mittelalterliche Gesellschaft war statisch – die Menschen waren im wesentlichen an Grund und Boden gebunden –, während wir heute von einer dynamischen Gesellschaft sprechen können. Äußere Bindungen haben nicht mehr die Qualität vergangener Zeiten, was auch Auswirkungen auf das Innere der Menschen hat. Es ist notwendig, daß der Mensch sich auf sich selbst stellt. Aus seinem Inneren heraus muß er eine Beziehung zur Welt schaffen, er kann sich nicht mehr darauf verlassen, daß die äußeren Verhältnisse ihn tragen. Der Begriff Heimat findet dadurch eine ganz andere Grundlage. Die Beziehung von Mensch zu Mensch gewinnt an Bedeutung, immer wichtiger wird es, im anderen oder in anderen Menschen anwesend, zu Hause, daheim zu sein. Die Kräfte der Fortpflanzung, des Gattungshaften wirken weiter, ebenso bleibt der Mensch ein Wesen, das des Rechtes bedarf; diese beiden Ebenen allein tragen jedoch nicht mehr. Ein Drittes ist notwendig, die *Beziehung von Ich zu Ich,* auch zwischen Mann und Frau, wenn deren Beziehung über Fortpflanzung und Rechtsverhältnis hinaus reichen soll. Um diesen Gedanken zu vertiefen, muß noch einmal kurz zurückgeblickt werden zur Vertreibung aus dem Paradies.

Rudolf Steiner führt dazu aus: Durch die Vertreibung aus dem Paradies wurden die Menschen eingesponnen «in die Strömung der vererbten oder vererbbaren Eigenschaften. Luzifer und die ahrimanischen Mächte wollten, daß jeder Mensch als Individualität auf sich selbst gestellt sei. Dadurch wäre der Mensch in unreifem Zustande schnell vergeistigt worden. Das sollte nicht geschehen. Der Mensch sollte auf der Erde erzogen werden, sollte durch die Kräfte der Erde ausgebildet werden. Das geschah dadurch, daß der Mensch eingesponnen wurde in die Vererbungsströmung, so daß einer von dem anderen physisch abstammte. [...] Alles was in der physischen Vererbungslinie liegt, ist von den Geistern des Lichtes als Gegenströmung gegen die Strömung Luzifers den Menschen aufgeprägt worden. [...] Die Menschen sollten lernen, zusammenzuwohnen nach Stämmen, nach Völkern, nach Rassen. Die Blutsverwandtschaft sollte die Signatur geben für die irdischen Ordnungen.»[46] Dieser Prozeß hat mit dem Zeitalter der Bewußtseinsseele ein Ende gefunden. «Eine vollständige Umkehrung aller Verhältnisse» haben wir heute. Waren bestimmte Wesenheiten, die der Strömung der Finsternis angehören, einst Rebellen gegen alles, was die Blutsbande betrifft, so beginnen andere Wesenheiten dieser Strömung seit dem vorigen Jahrhundert, dahingehend zu wirken, die Menschen immer wieder hinzuweisen auf ihre Stammes-, Bluts- und Vererbungszusammenhänge. Sie wollen die Menschen darin halten. Wesenheiten der Strömung des Lichtes, die den Menschen zunächst in Zusammenhänge einbanden, die nach Blutsbanden geordnet waren, wollen heute den Menschen auf die Grundlage seiner Individualität stellen. Alles, was auf die Herrschaft des Blutes gebaut ist, hindert heute. Anstelle der bloß natürlichen Blutsbande sind heute geistige Bande unter den Menschen zu schaffen. «Denn nur durch geistige Zusammengehörigkeit wird in das Niedergehende, das ganz naturgemäß ist, Fortschreitendes hineinkommen. Ich sage: Das Niedergehende ist naturgemäß.» Ferner weist Rudolf Steiner darauf hin, daß im nächsten Kulturzeitraum (beginnend in der Mitte des vierten Jahrtausends) alle Blutsverwandtschaftsliebe schwinden wird. Die Menschen werden sich dann in moralische Kasten gliedern.[47]

Noch von einer anderen Seite kann dieser Bogen, den Rudolf Steiner aufzeigt, beschrieben werden. Jehova, diejenige Wesenheit, die mit der Erschaffung des Menschen eng verbunden ist, gestaltet den Menschen; die Menschen waren jedoch wie Kinder, noch nicht zur Individualität erwacht. «Da kam Luzifer, die Schlange, und brachte dem Menschen das Licht der Erkenntnis und damit auch die Eventualität, das Böse zu tun. Jetzt sagt Jehova dem Menschen, daß die Liebe, die sich mit der Erkenntnis des Luzifers verbunden hat, Schmerzen bringen werde.»

Die Liebe ist eine Jehova-Gabe, die Erkenntnis eine Gabe Luzifers. «Die Liebe muß geregelt werden, die Organisation für die Familienbande ist das Gesetz von Sinai. Daneben steht die Erkenntnis, das Licht, das aus dem Menschen selbst kommen soll, das den in ihm waltenden Lichtträger zum Ursprung hat. Auch das muß vertieft werden, es muß eine neue Phase erleben. Das kann geschehen dadurch, daß das Gesetz nicht bloß von außen her waltet, das Gesetz wirkt von außen her als ein Zwangsgesetz. Das, was Christus der Erde brachte, wirkt von innen. Es ist das zur Liebe heraufgeholte Licht, das Gesetz, das in der Seele selbst geboren wird, das Paulus die Gnade nennt.»[48]

«Der Geist, der die universelle Liebe mehr und mehr über die Erde ausgießt, ist der Christusgeist selbst. Die Erdentwicklung ist durch das Erscheinen des Christus Jesus in zwei Teile geteilt. Jenes Blut, das auf Golgatha geflossen ist, bedeutet die Auflösung der Verwandtenliebe durch die geistige Liebe.»[49]

Ein neues Element ist durch das Erscheinen des Christus auf der Erde in die Menschheit gekommen. Dieses kann sich in einer Ehe da zeigen, wo sie sich auch auf die Beziehung von Ich zu Ich gründet. Hier tritt jetzt wieder etwas auf, was bereits im Römertum anklang: Die Beziehung muß gelebt werden. Dies kann im Zeitalter der Bewußtseinsseele nur aus Freiheit, das heißt aus dem Ich geschehen. Eine gute Ehe kann somit nicht mehr beschrieben werden; nur Bedingungen dafür, Störungen können festgestellt werden. Diese Ebene der Ehe entwickelt sich im Laufe der Beziehung, oder sie entwickelt sich nicht. Hier stehen beispielsweise gemeinsame Interessen zwischen den Ehepartnern, die nicht Familie oder Recht betreffen, im Vordergrund. Diese Dinge müssen neben den Notwendigkeiten, die zum Beispiel die Copula-Ebene bringt, bewußt gepflegt werden. Auf der

Copula-Ebene herrscht *Pflicht.* Die Kinder bringen die Eltern zusammen, sie in entsprechender Weise in die Welt hereinzuführen, ist hier die Aufgabe. Auf der Popula-Ebene werden *Rechtsverhältnisse,* die immer irdische Verhältnisse sind, geregelt. Eine Ich-Beziehung kann nur gelebt werden. Ihre Wirklichkeit ergibt sich durch entsprechendes *Handeln* in der Zeit.

Es ist heute die Frage: Welcher Wille liegt einer Ehe zugrunde? Es kann durchaus sein, daß zwei Menschen zunächst zusammenkommen, um einem Wesen eine Inkarnationsmöglichkeit zu geben, das heißt es kommt zunächst «nur» zur Gründung einer Familie. Das kann äußerlich durch eine Heirat in dasjenige gefaßt werden, was allgemein als Ehe bezeichnet wird, muß es aber nicht. Bluts- und Rechtszusammenhänge entstehen. Inwieweit innerhalb einer Verbindung von Mann und Frau sich die *Consens*-Ebene entwickelt, ist in die Freiheit der beiden Individuen gestellt.

Herrscht auf der Copula-Ebene Pflicht, so auf der Consens-Ebene Freiheit. Der Mensch ist heute (kann es sein) selbst schöpferisch. Auf ihn kommt es an, wie seine weitere Entwicklung verläuft. Die geistige Welt hat ihn auf sich gestellt, er ist frei, sich wieder zum Geistigen zu erheben oder nicht. Christus ist die Kraft, die in der Zukunft auf ihn wartet, zu der sich aber der Mensch selbst hinbewegen muß. Daß die Gattung («Gatte», «Gattin»!) immer weniger trägt, zeigt auch die eingangs erwähnte Pressemeldung: «Jeder fünfte gewaltsam ums Leben gekommene Bundesbürger ist ein Opfer seines Ehe- oder Lebenspartners.»[1] Die Zeit ist eigentlich vorbei, wo die von außen gesetzten Ordnungen die Kraft hatten, die Beziehungen der Menschen im positiven Sinne zu regeln. Die Menschen selbst sind hierzu aufgefordert. Die Gefahr des Egoismus soll dabei nicht verkannt werden. Dieser kann in einer Beziehung positiv wirken, wenn ich die Interessen des anderen zu meinen eigenen mache, Interesse entwickle an seiner Individualität, an seiner Biographie, seinem Leben und ihn nicht zu meinen Zwecken benutze.

Zeylmans von Emmichoven lenkt in seinen Gesprächen über die Hygiene der Seele den Blick in diese Richtung: Die Ehe ist im Gegensatz zur Paarung bei den Tieren ein freigeknüpftes menschliches Band. Damit ist eine neue Kernbildung im menschlichen Zusammenleben möglich. Die Grundlage für eine echte Ehe ist «die Bereitwilligkeit, sich jahrelang zu schulen im Verzicht auf vieles, was in der eigenen Seele lebt. [...] Eine wirklich lebenswerte Ehe muß nicht bloß einmal eingegangen werden, sondern viele Male.»[50]

Die Kräfte der Vererbung, der Fortpflanzung kommen aus der Vergangenheit, sie bilden die Grundlage dafür, daß unsere Individualität die Möglichkeit hat, hier auf Erden zu wirken. Wir verdanken diese Kräfte den Schöpfermächten, die uns in diese Welt gestellt haben. Unsere Individualität, unser Geistwesen, unser Ich, ist mit der Christus-Kraft verbunden. Es ist selbst schöpferisch. Aus ihm können die Kräfte kommen, die in die Zukunft führen, die uns die Möglichkeit geben, wieder zurück in unsere geistige Heimat zu gehen, nachdem wir all das erfahren und verarbeitet haben, was mit dem Abstieg auf die Erde, der Materie verbunden ist. Folgendes Bild ergibt sich:

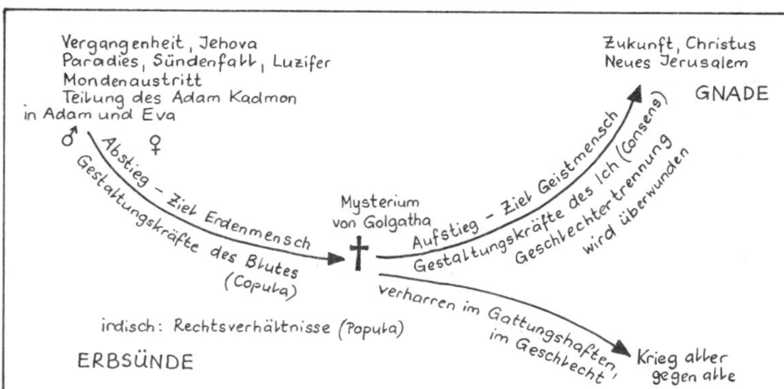

Mit der Vertreibung aus dem Paradies wurde der Mensch eingesponnen in die Strömung der Vererbung, der Fortpflanzung; Gattung und Geschlecht hängen damit zusammen, ebenso die Erbsünde, die durch die Gnade, die mit Christus verbunden ist, wieder aufgehoben werden kann. Diese Polarität spielt hier ebenfalls herein, auf sie kann nur verwiesen werden; sie wäre einer besonderen Betrachtung wert.

Christus ist die Kraft, die die blutsgebundene Liebe, die Verwandtenliebe überwindet. Der Ausspruch: «wenn du nicht verläßt deine Mutter, dein Weib und alle leibliche Bindung, kannst du nicht mein Jünger sein», beinhaltet dies. Die Aufhebung aller natürlichen Bande ist damit nicht gemeint, es wird hier die Möglichkeit aufgezeigt, die Liebe auf alle Menschen auszuweiten. Die Folgen, wenn menschliche Ordnungen sich nur auf die Kräfte des Blutes, der Gattung gründen, zeigen sich heute in großen weltweiten wie in kleinsten menschlichen Zusammenhängen, so in Ehe und Familie. Das Wort Geschlechterkrieg, im Mittelalter die Auseinandersetzungen von Familien bezeichnend, heute im Hinblick auf die Beziehung Mann-Frau verwandt, weist in diese Richtung. Stehen sich die beiden Ehepartner nur als Gattungswesen (Gatte-Gattin) gegenüber, verharren sie in ihren Geschlechtsrollen, können sie letztlich nicht mehr zueinanderfinden, sich nicht mehr verstehen, erleben sie sich isoliert, vereinsamt. Ohne getragen zu sein von der Gemeinschaft, ohne feste Rollenvorgaben – was notwendig ist, um zur Individualität, zur Freiheit zu kommen –, bleibt letztlich nur die Trennung oder, wenn man zusammenbleibt, der tägliche (Klein) Krieg. Strindberg hat das in seinen Dramen in verschiedensten Variationen dargestellt. Die Paarbeziehung weist hier in eine Richtung, die Johannes in der Apokalypse für die ganze Menschheit beschreibt: als Krieg aller gegen alle.

Ebenso ist es im Hinblick auf das Kind. Wird dieses nur als «mein» Kind, «unser» Kind bezeichnet, wird etwas Wesentliches ausgeblendet – die Individualität des Kindes. Die Eltern stellen die Hüllen zur Verfügung, in die sich die Individualität, das Ich, verkörpert. Viele Probleme im Verhältnis der Generationen haben in der Nichtbeachtung dieser Tatsache ihren Ursprung.

Ohne die Bereitschaft, im Zusammenhang mit Ehe und Familie den Blick auszuweiten auf Reinkarnation und Karma, werden die Auflösungserscheinungen, wie wir sie heute überall beobachten können, nur noch zunehmen. Die Kräfte, die positiv in die Zukunft führen, kommen aus dem Geistigen, aus dem Ich. In seine Freiheit und damit auch Verantwortung ist es gestellt, ob der Mensch diese Kräfte ergreift und im Sozialen zur Gestaltung bringt. In der Ehe sind beide Partner gefordert, auch diese Ebene auszugestalten. Intimität, Treue, Vertrauen gewinnen dann eine neue Bedeutung. Zukünftiges wirkt herein.

Im Hinblick auf die Dreigliederung des sozialen Organismus taucht die Frage auf, ob Ehe und Familie, Ehe- und Familienrecht beim Staat oder bei der Kirche richtig angesiedelt sind. Herrscht hier nicht letztlich die Notwendigkeit vor, daß die Individuen die Beziehungen auf allen drei Ebenen im wesentlichen selbst regeln?

Auf der Consens-Ebene dürfte dies klar sein; wenn der Mensch aus seinem Ich handelt, kann niemand da sein, der über ihn bestimmt; hier herrscht Freiheit.

Auf der Copula-Ebene herrscht Pflicht, aber auch Verantwortung, Verantwortung der Individualität gegenüber, die sich in der Menschenform inkarniert hat, die ihm seine Eltern zur Verfügung gestellt haben. Die Eltern sind dieser Individualität verantwortlich. Verantwortung kann wiederum nur ein Ich übernehmen, also muß auch hier Freiheit herrschen.

Die mittlere Ebene ergibt sich eigentlich aus diesen Notwendigkeiten zur Freiheit. Ähnlich wie beim Strafrecht, das heute noch beim Staat angesiedelt ist, das jedoch in einer dreigliedrigen Gesellschaft, wie sie von Rudolf Steiner dargestellt wurde, ins Geistesleben gehört, ist die Ehe- und Familienfrage eine Frage primär des Geisteslebens.

Auch im Bereich von Ehe und Familie zeigen sich – wie auf vielen anderen Gebieten des menschlichen Zusammenlebens – Auflösungserscheinungen; zerstörerische Elemente nehmen überhand, Lösungen, die angegangen werden, tragen nur kurzfristig. Auch hier trifft die Aussage von Hans Georg Schweppenhäuser zu, die jedoch nicht resignativ verstanden werden soll, sondern als Aufforderung, den Schleier, von dem er spricht, weiter zu lüften: «Die großartige, aber instinktive Welt der alten Kulturen ist zerbröckelt, die Welt ist im Innersten anders geworden. Eine neue, vom individuellen Ich des Menschen her bewußt ergriffene und gestaltete menschheitliche Kultur zeigt sich erst chaotisch in undeutlichen Umrissen durch den Schleier der rätselhaften sozialen Frage hindurch.»[51]

Anmerkungen

1 Aichacher Nachrichten vom 20.11.1985.
2 Aichacher Nachrichten vom 20.1.1986.
3 Aichacher Nachrichten vom 20.1.1986.
4 Frankfurter Rundschau vom 23.9.1985.
5 Aichacher Zeitung vom 2.11.1985.
6 Siehe hierzu u. a. Rudolf Steiner, Aus der Akasha-Chronik. GA 11, 5. Aufl. Dornach 1973.
7 Rudolf Steiner, Kosmogonie. GA 94, Dornach 1979, Vortrag vom 17.5.1906.
8 Der altbabylonische Gesetzeskodex des Hammurabi entstand um 1800 v. Chr.
9 Rudolf Steiner, Menschheitsentwickelung und Christus-Erkenntnis. GA 100, 2. Aufl. Dornach 1981, Vortrag vom 27.6.1907.
10 Rudolf Steiner, Das christliche Mysterium. GA 97, 2. Aufl. Dornach 1981, Vortrag vom 4.4.1906.
11 Rudolf Steiner, Menschheitsentwickelung und Christus-Erkenntnis. GA 100, 2. Aufl. Dornach 1981, Vortrag vom 27.6.1907.
12 Hans Georg Schweppenhäuser, Das soziale Rätsel. Dornach 1985, S. 31.
13 Werner Bohm, Kosmos, Erde und Mensch. Heft Nr. 5, Freiburg i. Br. o. J.
14 Gunnar Heinsohn und Otto Steiger, Die Vernichtung der weisen Frauen. 5. Aufl. Herbstein 1985, S. 99.
15 Siehe Anm. 14, S. 44ff.
16 Siehe Anm. 14, S. 218ff.
17 Peter Basfeld, Die Ehe, ein Aspekt der Menscheitsgeschichte. In: Bausteine für eine soziale Zukunft, Heft 1/81, S. 22ff.
18 Siehe Anm. 17, S. 24.
19 Joachim Lell, Mischehen? München und Hamburg 1967, S. 27f.
20 Aries / Béjin / Foucault u. a., Die Masken des Begehrens und die Metamorphosen der Sinnlichkeit. Frankfurt a. M. 1984, S. 183.
21 Siehe Anm. 20, S. 169.
22 Das Neue Testament, Erster Brief des Paulus an die Korinther 7,3.
23 Siehe Anm. 20, S. 189ff.
24 Siehe Anm. 20, S. 192, 193.
25 Siehe Anm. 20, S. 193.
26 Luisa Pierotti-Cei, Leben und Liebe in Italien zur Zeit der Renaissance, Genf 1977, S. 23.
27 Siehe Anm. 17, S. 28.
28 Siehe Anm. 17, S. 28f.
29 Renate Riemeck, Glaube – Dogma – Macht. Stuttgart 1985, S. 272.
30 Siehe Anm. 17, S. 29.
31 Herders Theologisches Lexikon, Bd. 2. Freiburg i. Br. 1972, S. 89.
32 Johannes Gründel, Die Zukunft der christlichen Ehe. 2. Aufl. München 1979, S. 59.

33 Siehe Anm. 20, S. 186ff.
34 Siehe Anm. 17, S. 29.
35 Siehe Anm. 29, S. 273.
36 Siehe Anm. 17, S. 22.
37 Siehe Anm. 19, S. 37 u. 44.
38 Siehe Anm. 17, S. 34f.
39 Mitterauer/Sieder, Vom Patriarchat zur Partnerschaft. München 1977, S. 148ff.
40 Siehe Anm. 17, S. 30.
41 Siehe z. B. Alan Howard, Sexualität im Lichte von Reinkarnation und Freiheit, Stuttgart 1985; Dieter Lauenstein, Das Ich und die Gesellschaft, Stuttgart 1974.
42 Siehe Anm. 20, S. 169.
43 Marie O. Métral, Die Ehe. Frankfurt a. M. 1981, S. 332.
44 Heidi Rosenbaum, Familie und Gesellschaftsstruktur. Frankfurt a. M. 1974.
45 Siehe Anm. 39, S. 38ff.
46 Rudolf Steiner, Die spirituellen Hintergründe der äußeren Welt. Der Sturz der Geister der Finsternis. GA 177, 4. Aufl. Dornach 1986, Vortrag vom 26.10.1917.
47 Siehe Anm. 10, Fragenbeantwortung zum Vortrag vom 29.4.1906.
48 Siehe Anm. 10, Vortrag vom 30.3.1906.
49 Siehe Anm. 9, Vortrag vom 19.11.1907.
50 Dr. F. W. Zeylmans van Emmichoven: Gespräche über die Hygiene der Seele. 2. Aufl. Arlesheim 1957, S. 234ff.
51 Siehe Anm. 12, S. 137.

Literatur

- Aries / Béjin / Foucault u.a.: Die Masken des Begehrens und die Metamorphosen der Sinnlichkeit. Zur Geschichte der Sexualität im Abendland. S. Fischer Verlag, Frankfurt am Main 1984.
- Peter Basfeld: Die Ehe, ein Aspekt der Menschheitsgeschichte. In: Bausteine für eine soziale Zukunft, Heft 1/81. Verlag Die Kommenden, Freiburg i.Br.
- Günter Beitzke: Familienrecht. C.H. Beck'sche Verlagsbuchhandlung, 22. Aufl., München 1981.
- Dietmar Bernt: Konfliktfeld Sexualerziehung in der Schule. Verlag Josef Knecht, Frankfurt am Main 1983.
- Werner Bohm: Kosmos, Erde und Mensch. Heft Nr. 5. Verlag Die Kommenden, Freiburg i.Br. o.J.
- Helmut von Glasenapp, Hrsg.: Indische Geisteswelt. Bd. I und II in einer Sonderausgabe. Emil Vollmer Verlag, Wiesbaden o.J.
- Johannes Gründel: Die Zukunft der christlichen Ehe. Don Bosco Verlag, 2. Aufl. München 1979.
- Otto Julius Hartmann: Erkenntnishilfen für Antworten auf aktuelle Lebensfragen. Heft 1. Verlag Die Kommenden, Freiburg i. Br. 1975.
- Gunnar Heinsohn und Otto Steiger: Die Vernichtung der weisen Frauen. März Verlag GmbH, Herbstein, 5. Aufl. 1985.
- Herders Theologisches Lexikon, Bd. 2. Verlag Herder, Freiburg 1972.
- Alan Howard: Sexualität im Lichte von Reinkarnation und Freiheit. Verlag Freies Geistesleben, Stuttgart 1985.
- Dieter Lauenstein: Das Ich und die Gesellschaft. Verlag Freies Geistesleben, Stuttgart 1974.
- Joachim Lell: Mischehen? Siebenstern Taschenbuch Verlag, München und Hamburg 1967.

– Johannes Lenz: Lebensgemeinschaft und Trauung – Das Sakrament der Ehe. Verlag Urachhaus, Stuttgart 1985.

– Marie O. Métral: Die Ehe. suhrkamp taschenbuch wissenschaft 357, Suhrkamp Verlag, Frankfurt am Main 1981.

– John Millar: Vom Ursprung des Unterschieds in den Rangordnungen und Ständen der Gesellschaft. suhrkamp taschenbuch wissenschaft 483, Suhrkamp Verlag, Frankfurt am Main 1985.

– Mitterauer/Sieder: Vom Patriarchat zur Partnerschaft. C.H. Beck'sche Verlagsbuchhandlung, München 1977.

– Palandt: Bürgerliches Gesetzbuch. C.H. Beck'sche Verlagsbuchhandlung, 44. Aufl. München 1985.

– Luisa Pierotti-Cei: Leben und Liebe in Italien zur Zeit der Renaissance. Edition Minerva, Genève 1977.

– Max Rebholz: Briefe über den Sinn des Lebens. Heft 21. Verlag Die Kommenden, Freiburg, i. Br. o.J.

– Renate Riemeck: Glaube – Dogma – Macht, Geschichte der Konzilien. Verlag Urachhaus, Stuttgart 1985.

– Heidi Rosenbaum, Hrsg.: Familie und Gesellschaftsstruktur. Fischer Taschenbuch Verlag, Frankfurt am Main 1974.

– Theodore Roszak: Mensch und Erde. Ahorn Verlag, Soyen 1982.

– Reinhold Ruthe, Hrsg.: Ist die Ehe überholt? Claudius Verlag, München, 2. Aufl. 1971.

– Hans Georg Schweppenhäuser: Das soziale Rätsel. Philosophisch-Anthroposophischer Verlag, Dornach 1985.

– **Rudolf Steiner:**
Die Rudolf Steiner Gesamtausgabe (GA) erscheint im Rudolf Steiner Verlag, Dornach/Schweiz.

Schwerpunkte zum Thema Ehe und Familie:

Die Erkenntnis des Übersinnlichen in unserer Zeit und deren Bedeutung für das heutige Leben. GA 55, 2. Aufl. Dornach 1983, Vortrag vom 25. 10. 1906.
Kosmogonie. GA 94, 1. Aufl. Dornach 1979, Vorträge vom 25. 5. 1906 und 27. 5. 1906.
Das christliche Mysterium. GA 97, 2. Aufl. Dornach 1981, Vorträge vom 30. 3. 1906, 4. 4. 1906, 29. 4. 1906 und 3. 2. 1907.

Menschheitsentwickelung und Christus-Erkenntnis. GA 100, 2. Aufl. Dornach 1981, Vorträge vom 27. 6. 1907, 19. 11. 1907 und 20. 11. 1907.
Das Johannes-Evangelium. GA 103, 10. Aufl. Dornach 1981, Vorträge vom 23. 5. 1908 und 30. 5. 1908.
Das Johannes-Evangelium im Verhältnis zu den drei anderen Evangelien. GA 112, 6. Aufl. Dornach 1984, Vorträge vom 2. 7. 1909, 3. 7. 1909, 4. 7. 1909 und 5. 7. 1909.
Briefe II. GA 39, 2. Aufl. Dornach 1987, Brief Nr. 618 an Ferdinand Freiherrn von Paumgarten auf dessen Rundfrage zum Eheproblem.

Des weiteren verwendete Literatur und Vorträge von Rudolf Steiner:

Aus der Akasha Chronik. GA 11, 6. Aufl. Dornach 1986.
Die Erkenntnis der Seele und des Geistes. GA 56, 2. Aufl. Dornach 1985, Vortrag vom 9. 1. 1908.
Vor dem Tore der Theosophie. GA 95, 3. Aufl. Dornach 1978, Vortrag vom 2. 9. 1906.
Geisteswissenschaftliche Menschenkunde. GA 107, 5. Aufl. Dornach 1988, Vortrag vom 16. 11. 1908.
Geistige Hierarchien und ihre Widerspiegelung in der physischen Welt. GA 110, 6. Aufl. Dornach 1981, Vortrag vom 21. 4. 1909.
Die Mission der neuen Geistesoffenbarung. GA 127, 2. Aufl. Dornach 1988, Vortrag vom 3. 5. 1911 (Einzelausgabe: Erbsünde und Gnade).
Die spirituellen Hintergründe der äußeren Welt. Der Sturz der Geister der Finsternis. GA 177, 4. Aufl. Dornach 1986, Vortrag vom 26. 10. 1917.
Wie kann die Menschheit den Christus wiederfinden? GA 187, 3. Aufl. Dornach 1979, Vorträge vom 27. 12. 1918, 28. 12. 1918, 29. 12. 1918 und 31. 12. 1918.
Soziales Verständnis aus geisteswissenschaftlicher Erkenntnis. GA 191, 2. Aufl. Dornach 1983, Vortrag vom 19. 10. 1919.
Die Sendung Michaels. GA 194, 3. Aufl. Dornach 1983, Vortrag vom 22. 11. 1917.
Anthroposophische Gemeinschaftsbildung. GA 257, 3. Aufl. Dornach 1983, Vorträge vom 27. 2. 1923 und 28. 2. 1923.
Die geistig-seelischen Grundkräfte der Erziehungskunst. GA 305, 2. Aufl. Dornach 1979, Vortrag vom 28. 2. 1922.

- Dr. F.W. Zeylmans van Emmichoven: Gespräche über die Hygiene der Seele. Natura Verlag, 2. Aufl. Arlesheim 1957.

- Dem Thema «Partnerschaft und Ehe» ist auch das Sonderheft Nr. 1 der Flensburger Hefte gewidmet. 2. Aufl. Flensburg 1987.

Stichwortartige Sammlung von Angaben Rudolf Steiners zu Ehe und Familie

Bei dieser Sammlung handelt es sich um eine *wesentlich erweiterte* Fassung einer bisher nur als *Privatdruck* verbreiteten Ausgabe.

Die Zusammenstellung erfolgte durch Herbert Kretschmer. Er erhebt keineswegs den Anspruch auf Vollständigkeit. Für Hinweise und Materialien zur Ergänzung und Erweiterung ist er dankbar.

Es sind Ausführungen berücksichtigt zu folgenden Stichworten: *Ehe, Familie, Mann, Frau, männlich, weiblich, Liebe, Geschlechter, Kind – Eltern, Verwandtschaft, Sexualität und Frauenfrage.*

Die Rudolf Steiner Gesamtausgabe (GA) erscheint im Rudolf Steiner Verlag, Dornach/Schweiz.

GA 4	*Die Philosophie der Freiheit*
Kapitel 14	Individualität und Gattung – Gattungsbegriff und Mann/Weib – soziale Stellung der Frau, Frauenfrage, Beruf der Frau

GA 9	*Theosophie*
Kapitel Kapitel	Das Wesen des Menschen – IV. Leib, Seele und Geist Wiederverkörperung des Geistes und Schicksal – Vererbung, Fortpflanzung über Vorfahren, Mensch und Gattung
Kapitel	Der Geist im Geisterland nach dem Tode – Familienliebe, Familienverhältnisse in irdischer Welt und im Geisterland

GA 11	*Aus der Akasha-Chronik*
Kapitel	Unsere atlantischen Vorfahren – 3. Unterrasse, Tolteken, erste Art der Staatenbildung, Gemeinwesen, Übertragung der Gaben auf die Nachkommen
Kapitel	Die lemurische Rasse – Kindererziehung, Unterschiede Knaben und Mädchen – Leben von Männern und Frauen – Frauen und Gedächtnis, Sprachentstehung, Religion, Vorstellungsleben, menschl. Seelenleben
Kapitel	Die Trennung in Geschlechter – Entstehung der Formen von Mann und Frau – Seele männlich/weiblich; männl. Element und Wille, weibl. Element und Vorstellung – Geschlechtertrennung, Sündenfall, Liebewesen, Luzifer – Lichtbringer – Rassen, Vererbungsgesetz
Kapitel	Die letzten Zeiten vor der Geschlechtertrennung – Mensch vor der Spaltung in Männliches und Weibliches

	– Regelung des Geschlechtslebens durch übermenschliche Individualitäten – Fortpflanzung heilige Sache, Opferdienst
Kapitel	Austritt des Mondes – Mondentrennung und Folgen für Menschengestalt – Fortpflanzung und Einfluß höherer Wesenheiten
Kapitel	Das Leben der Erde – Rassenentwicklung, Anfang, Ende – Mondenaustritt und Rassenentwicklung, Geschlechtertrennung, Zustand vorher
Kapitel	Der viergliedrige Erdenmensch – Zukunft der Fortpflanzungs- und Sprechorgane – Feigenblatt bei Eva und Hermaphroditen – Fortpflanzungsorgane am Anfang der Erdentwicklung

GA 13	*Die Geheimwissenschaft im Umriß*
Kapitel	Schlaf und Tod – Band der Liebe zwischen Mutter und Kind in der Sinnenwelt, im Geisterland – Vererbung, Persönlichkeit
Kapitel	Die Weltentwicklung und der Mensch – Mondentrennung, Nachkommen, Geister der Form, Beginn der Vererbung, Sündenfall – Vorfahren durch Generationen, Erinnerung an Vorfahren – Fortpflanzungsverhältnis und menschl. Bewußtsein
Kapitel	Gegenwart und Zukunft der Welt- und Menschheitsentwickelung – Erde und Kraft der Liebe – Kosmos der Weisheit, Kosmos der Liebe – Ich, Christus, Keim der Liebe, Zukunft der Liebe

GA 15	*Die geistige Führung des Menschen und der Menschheit*
1. Vortrag	– Vererbungsprinzipien, Vererbungsverhältnisse, Zähne und Gehirn

GA 26	*Anthroposophische Leitsätze*
Aufsatz	Weihnachtsbetrachtung: Das Logos-Mysterium – Tierwelt – Fortpflanzung und Mondenkräfte

GA 28	*Mein Lebensgang*
Kapitel 37	– physischer und Ätherleib bei Mann und Frau – Hinweis auf Otto Weiningers Buch: Geschlecht und Charakter

GA 29	*Gesammelte Aufsätze zur Dramaturgie 1889–1900*
	Besprechung: Fuhrmann Henschel – Eheleben und Handschrift der Frau – männlich/weiblich und Dichtkunst/Philosophie

GA 31	*Gesammelte Aufsätze zur Kultur- und Zeitgeschichte 1887–1901*
	Zur Literatur über die Frauenfrage – gesellschaftliche Situation der Frau, Reform – Frauenfrage, Geist der Frau, Anteil der Frau an der Kulturarbeit

GA 34	*Luzifer Gnosis*
Aufsatz	Reinkarnation und Karma, vom Standpunkte der modernen Naturwissenschaft notwendige Vorstellungen (Okt./Nov. 1903) – einzelner Mensch und Gattung

GA 38	*Briefe Band I: 1881–1890*
Brief vom 13.1.1881	– echte Liebe

GA 39	*Briefe Band II: 1890–1925*
Brief Nr. 618	– Ehe und sozialer Zusammenhang, Staat – Ehe und Familienfrage

		– Ehefrage und persönliche Gesichtspunkte, allgemeine Interessen – Aspekte zur «Krisis der Ehefrage» – Ehe und Kulturrückgang – Ehe und moderne Frauenbewegung

GA 54	*Die Welträtsel und die Anthroposophie*
17.11.1906	– Frauenfrage und Kultur der Gegenwart, Wissenschaftler, Frau und Berufswelt, Stellung im Laufe der Geschichte, Frauenfrage und Gesellschaftsklassen, verschiedene Urteile über die Unterschiede von Mann und Frau, Frauenfrage und höhere Weltanschauung, heute: Männerkultur – männliche, weibliche Natur, Ewig-Menschliches – physischer und Ätherleib bei Mann/Frau
23.11.1905	– Volksgeist, Volksseele, Familiengeist, Gemeinschaft

GA 55	*Die Erkenntnis des Übersinnlichen in der heutigen Zeit und deren Bedeutung für das heutige Leben*
25.10.1906	– Blut und Vererbung von Vorfahren – Nahehe, Fernehe – Übergang

GA 56	*Die Erkenntnis der Seele und des Geistes*
18.3.1908	– Wesen und Ursprung der Geschlechter, des Weiblichen – physischer und Ätherleib bei Mann und Frau – Geschlecht und Gang durch Inkarnation, im Schlaf – Mensch in Wahrheit Doppelwesen – Gegensatz männlich – weiblich – Geschlechterfrage – Lösung
9.1.1908	– Dreiheit Mann, Weib und Kind und Menschheit – Vererbung und Individualität, Naturwissenschaft und Vererbung – Zusammenfinden von Eltern und Kind, Elternliebe, Kindesliebe

GA 60	*Antworten der Geisteswissenschaft auf die großen Fragen des Daseins*
19.1.1911	– Keuschheit und Zarathustrismus, andere Kulturströmungen, Materialismus, Mystik und Gegensatz des Geschlechtlichen – Gegensatz des Geschlechtlichen Symbol für Weltgegensatz – Eva, das Weib und das Böse – das Böse und Geschlechtsgegensatz
GA 62	*Ergebnisse der Geistesforschung*
5.12.1912	– Vererbung, vererbte Anlagen, Generationenwesen, Umwelt, Eltern, Volkszusammenhang – Individualisierung und väterlicher und mütterlicher Keim – Gattung, Fortpflanzung, Fortpflanzungskräfte, individuelles Leben und Entwicklung nach außen bzw. innen – Vererbung und Krankheit – Vererbung und Genie
GA 93	*Die Tempellegende und die Goldene Legende*
10.6.1904	– Erschaffung des Menschen im Alten Testament, Fortpflanzung, Sexuelles und Differenzierung – Kain und Abel – Gegensatz weiblich-männlich
4.11.1904	– Kain und Abel, Adam und Eva, Elohim und Jahve
23.12.1904	– Egoismus und Nation, Rasse, Geschlecht
5.6.1905	– Mondenablösung und Geschlechtertrennung
21.10.1905	– Zeit zwischen Verkörperungen
23.10.1905 (Doppelvortrag)	– Frauen und Freimaurerei – Ein- und Doppelgeschlechtlichkeit, Geschlechtertrennung – Wiederholung der von Rasse bereits durchlaufenen Stadien im Mutterleib – Männlich-Weiblich, Entwicklung von Lemurien, Atlantis bis in die Zukunft

	– Fortpflanzung, Befruchtung, männl. Samen-Wirkungskraft – Kain und Abel – Weisheit bei Mann und Weib – Sexualorgane und Zeit vor Geschlechtertrennung, heute, männl./weibl. Kehlkopf, Stimmbruch, Kraft des Wortes, Zukunft – Theosophie und Begegnung des Männlichen und Weiblichen – Geschlechtertrennung, Rückenmark, Gehirn, Baum des Lebens, Baum der Erkenntnis – innerer Mensch, verschiedene Inkarnationen und Geschlecht; Mittelalter: Marien-Kult, Jesus-Kult
2.1.1906	– Kain und Abel und Priesterherrschaft – Pflanze und Sexuelles – Freimaurerei und Familie, Frauen – Gegensatz Mann – Frau und seine Überwindung
GA 93 a	*Grundelemente der Esoterik*
29.9.1905	– Bewußtsein des Bienenstockes, Venusbewußtsein und Sexuelles – Aufhören der Geschlechtlichkeit
1.10.1905	– Adam Kadmon, «reiner» Mensch, weitere Entwicklung
2.10.1905	– Sprache und Fortpflanzungsvermögen
3.10.1905	– Inkarnation als Mann, als Frau; Inkarnationsabstand – physischer und Ätherleib bei Mann und Frau – Zukunft: Annäherung der Frau an Manneskultur; jetzige Frauenbewegung – Überwindung der Zweigeschlechtlichkeit in der Zukunft
4.10.1905	– Weibliches und Bewußtsein
5.10.1905	– Ätherkörper bei Mann und Frau – Vererbung und Generationsfolge, Sünden der Väter
8.10.1905	– Mensch und männliche und weibliche Inkarnation
9.10.1905	– natürliche und seelisch-geistige Menschenverhältnisse, Geschwister, Familie, Freundschaften, Karma, Ausbildung, devachanischer Organe

- Isis, Göttin aller Fruchtbarkeit, alter Mond und Fortpflanzungskräfte damals und heute, Beziehung Mann – Frau

16.10.1905
- lemurische Zeit, Zusammenschluß des mütterlichen und väterlichen Prinzips, Mensch männlich-weiblich
- väterlicher Geist, mütterliche Materie und deren Zusammengehen, Isis, Osiris, Horus
- Astralraum und sich wieder inkarnieren wollende Menschenseelen
- männlich-weiblich beim Menschen, bei Mann und Frau, Ätherkörper, physische Natur

17.10.1905
- lemurische Rasse, Zweigeschlechtlichkeit, Jehova, Buddhiprinzip, Christus-Prinzip
- schwarzer Magier, sexuelle Riten, Sinnlichkeit, Läuterung

25.10.1905
- Mondenaustritt, Folgen
- Jahve und Fortpflanzung, Geschlechtertrennung

31.10.1905
- sechste Unterrasse, Verwandtschaft des Blutes, Verwandtschaft im Geiste

4.11.1905
- Mondenabtrennung und Geschlechtertrennung
- Spaltung der Produktionskraft, Ernährung, Muttermilch, Monden-, Sonnennahrung, Kain und Abel
- Selbstfortpflanzung des Menschen und Ernährung

GA 94 *Kosmogonie*

25.5.1906
- neue Art der Eheschliessung – Folge; Heirat einst
- Wandlung der Liebe; Christus

27.5.1906
- Trennung der Geschlechter und Liebe
- Götter und menschliche Liebe

29.5.1906
- physischer, Äther- und Astralleib bei Mann und Frau

7.6.1906
- Zeitraum für eine männl. und eine weibl. Inkarnation

5.7.1906
- Vererbung, Karma der Generationen
- Eingeweihter, Meister: Ähnlichkeit mit Familie bei Geburt

	– menschl. Wesenskern und Hinstreben zu Eltern der nächsten Inkarnation
7.7.1906	– Mondenaustritt, Menschen vorher, Geschlechtertrennung
8.7.1906	– Überwindung der Zweigeschlechtlichkeit; Umwandlung, Veredelung der niederen Fähigkeiten, der sexuellen Triebe, Schöpferkraft des Wortes

GA 95	*Vor dem Tore der Theosophie*
25.8.1906	– Zeit zwischen 2 Verkörperungen, Aufeinanderfolge männlich und weiblich
26.8.1906	– Hinführung des Menschenkeimes zu den Eltern – Befruchtungsakt, Leidenschaft, Folge fürs Kind – Lebensvorschau vor Einkörperung
28.8.1906	– Bibel: Missetaten der Väter, Volkskarma – Karmagesetz und physische Vererbung – Wahl der Eltern, Ähnlichkeit mit ihnen – Mutter-, Kindesliebe
29.8.1906	– karmischer Zusammenhang: Beispiel frühgestorbenes Kind, Schmerz der Eltern; totgeborene Kinder
2.9.1906 (Fragenbeantwortung)	– Nichtzusammenstimmen mit den Eltern, Familientradition, Familienkarma, Blut und Familie – Ehe, Dualismus, das Sexuelle und unsere Zeit – Ätherleib, Geist und Seelisches bei Mann und Frau, das Ewig-Weibliche

GA 96	*Ursprungsimpulse der Geisteswissenschaft*
25.3.1907	– Blutsverwandschaft, Nahehe, Generationengedächtnis, Durchbrechen der Blutsbande, Eingeweihte, Jehova, Christus, Christentum, Familie, Stamm
27.4.1907	– Blutsbande in alten Zeiten, Christus, Schwinden der Blutsliebe – Befruchtung und Erkennen

3.2.1907 (Fragenbeantwortung)	– Nahehe, Folgen heute; Fernehe, Folgen – vererbtes Gedächtnis, z. B. Adam – Blutsliebe – allgemeine Menschenliebe
2.12.1906	– Vervollkommnung des Menschen und Kraft der Fortpflanzung – geschlechtliche Fortpflanzung und Tod – Blut und Selbst, Stammesgemeinschaften, Blut Christi am Kreuz
19.1.1907 (Fragenbeantwortung)	– doppelte Schöpfung – ungeschlechtlich geistiger und physisch zweigeschlechtlicher Mensch
30.3.1906	– Menschen und Götter, ihr Zusammenhang durch die Liebe – Liebe vor und nach Zweigeschlechtlichkeit – Liebe/Erkenntnis – Jehova/Luzifer; Kain, blutsgebundene Liebe, Selbständigkeit; Familienbande und Gesetz von Sinai; Christus, Luzifer
4.4.1906	– Liebe der Menschen, Nahrung der Götter – Familienbeziehungen bei Indianerstamm – nahe Blutsverwandtschaft, Ehe, Somnambule – Verbindung sich fernstehender Menschen, Folgen – Verstand und frühere Verwandtensexualität
29.4.1906	– Verwandtschaftsehe – Fernehe, Irokesen, Germanen, Wotan, altes Hellsehen, Ausbildung des Verstandes – Götter und Liebe der Menschen – Luzifer, Jehova, Sinai, inneres Gesetz, Gande, Christus, Überwindung der Blutsverwandschaft
29.4.1906 (Fragenbeantwortung)	– Fernehe und bewußtes Hellsehen – Schwinden der Blutsverwandschaftsliebe
16.2.1907	– Fortpflanzungsorgane, Begierde und Keuschheit bei Pflanze, Tier und Mensch
14.3.1906	– Einzelvererbung beim Kind, Musikerfamilie – Sympathie Mutter–Kind vor der Geburt, Mutterliebe

16.3.1907	– Volkscharakter und Individualität und Physiognomie des Menschen – Heiraten innerhalb eines Stammes und Zusammenhalt, Individualität – Gruppenseele, individuelle menschliche Seele und Tod

GA 98	*Natur- und Geistwesen – ihr Wirken in unserer sichtbaren Welt*
5.11.1907	– Ätherleib, Fortpflanzung, Zähne, Kindbettfieber – Fortpflanzungsorgane bei Pflanze, Tier und Mensch, Begierde und Leidenschaft, Hermaphrodit, Feigenblatt – Zukunft der heutigen sexuellen Organe – Zeugungsorgan der Zukunft – Kehlkopf
15.12.1907	– Fortpflanzungsorgane bei Pflanze, Tier und Mensch, Begierde und Leidenschaft – Reproduktionsorgane der Zukunft, Herz und Kehlkopf – vergeistigte Reproduktionskraft, Heiliger Gral
7.6.1908	– Blutrache, Stammesgemeinschaften, Gedächtnis und Blut der Generationen, Adam, Noah – Individualisierung, Blutsverwandtschaft, Bildung von Gemeinschaften früher und heute

GA 99	*Die Theosophie des Rosenkreuzers*
25.5.1907	– Ätherleib bei Mann und Frau, obere und untere Partien
28.5.1907	– Suche des passenden Elternpaares im Vorgeburtlichen – Volk, Leib des Volksgeistes
29.5.1907	– Ätherleib, Astralleib, Ich und Volk, Familie, Mutter und Vater – Vererbung durch Mutter und Vater; Mutterliebe; Zeit der Empfängnis, 3 Wochen nachher – Inkarnationsabstand, Geschlecht in der Inkarnationsreihe

2.6.1907	– alte Sonne und Fortpflanzungsorgane
4.6.1907 I	– Volks- und Rassenseelen, Blut, Vorfahren – Sonne/Mond und Männl./Weibl., Mondenaustritt und Geschlechtliches, Ausbildung des Ichs
4.6.1907 II	– Entstehung der Zweigeschlechtlichkeit und Folgen – Ätherleib bei Mann und Frau – Milchernährung – Ähnlichkeit mit Vorfahren, weibl. und männl. Komponente in der Vererbung – Rassen-, Stammes- und Volkszusammenhänge, Individualisierung – Blutszusammengehörigkeit bei Atlantiern – Ende der Liebe aufgrund Naturzusammengehörigkeit
5.6.1907	– Fortpflanzung vor Zweigeschlechtlichkeit, in der Zukunft, Kehlkopf; Mineralreich und Zweigeschlechtlichkeit – Christentum und alte Blutsverbände – 5., 6. und 7. Zeitalter und Stammes-, Rassen- und Blutsverbände – Art des Denkens und zukünftige Entwicklung der Menschheit

GA 100	*Menschheitsentwicklung und Christus-Erkenntnis*
17.6.1907	– Ätherleib bei Mann und Frau, Mensch zweigeschlechtlich
21.6.1907	– Wahl der Eltern, Mutterliebe, Wirkung Vater–Mutter – Leib und Ort der Wiederverkörperung
27.6.1907	– Lemurien, Geschlechtertrennung, Folgen, Zeit vorher – Nahehe–Fernehe, Blut und Generationsreihe, Blutsverwandtschaft und Hellsehen, Folgen der Fernehe, Blutsliebe und Christentum
28.6.1907	– Verhältnis Geschlecht–Kehlkopf, Weiterentwicklung
17.11.1907	– Ätherleib bei Mann und Frau, Wirkung

19.11.1907	– Mondenaustritt und Liebe, Blutsverwandschaft – Bewußtheit des Fortpflanzungsaktes, Atlantis, Luzifer – Jahve – Verwandtenliebe, Christus – Geistige Liebe
20.11.1907	– Blutsverwandtschaft, Altes Testament, Luzifer, Christus
21.11.1907	– Blutsverwandtschaft, Christus, Folge der Einwirkung des männlichen auf das weibliche Prinzip
22.11.1907	– Mensch und Pflanze, Fortpflanzung, Begierde, Leidenschaft, Keuschheit, Kehlkopf, Hlg. Gral
25.11.1907	– Paradiesmythe, rotes Blut – Unterschied Mann und Frau – Blut der Generationen, Ehebrecherin, Hochzeit zu Kana, Mutter Sophia

GA 101	*Mythen und Sagen. Okkulte Zeichen und Symbole*
7.10.1907	– Lemurien, geschlechtliches Prinzip, Geschlechtsakt
14.10.1907	– Geistige Wesenheiten und Naturkräfte, z. B. Zeugungskraft
21.10.1907 (vorm.)	– Herz und Kehlkopf Reproduktionsorgane, Fortpflanzungsorgane der Zukunft – Zukunft der heutigen Fortpflanzungsorgane – Gattungsmäßiges bis zum 7. Lebensjahr – Zähne, Reproduktionskraft, Fortpflanzung, Kindbettfieber – Sexualorgane, Hermaphrodit, Feigenblatt, alte Mysterien – Zeit vor Mondenabtrennung, Fortpflanzung damals, Vogelzug, fortschreitende physische Entwicklung bei Mensch und höheren Tieren und Geschlechtliches im einzelnen Leib
28.10.1907	– germanische Mythologie und Erschaffung des ersten Menschenpaares
13.11.1907	– Fortpflanzung in alten Zeiten, Sündenfall

26.12.1907	– tierische Gruppen-Iche, Ich des Menschen und Liebe, Blutsliebe – Fruchtorgane bei Pflanze, Tier und Mensch
29.12.1907	– Gegensatz männlich-weiblich in der astralen Welt – Fortpflanzungsorgane bei Pflanze, Tier und Mensch – Kehlkopf, Befruchtung, Reproduktion in Zukunft, Hlg. Gral
13.12.1907	– Liebe und Blutsbande, Blutsverwandtschaften, Christus und die geistige Liebe
GA 102	*Das Hereinwirken geistiger Wesenheiten in den Menschen*
24.3.1908	– Blut-, Familien-, Stammesrache, Art Gruppenseele – Blut und Generationen, Gedächtnis von Vorfahren, Ahnenreihe – Gruppenseelen auf altem Mond – alter Mond, Erde und Liebe, Jupiter, Weisheit – Jupiter, reine Geschlechtsliebe, spinozistische Liebe, Grade der Liebe – Menschen Werkzeuge der Liebesentwicklung, Liebe bei Tieren, sich vergeistigende Liebe – Entwicklung der Liebe auf Erden, Geschlechtsliebe, geistige Liebe, niedere Liebe, höhere Liebe – Geister der Weisheit, der Liebe, Mensch – Besitzer des Liebesgeheimnisses, Sonnengeist, Christus – Christus-Prinzip und Liebe, luziferische Geister und Freiheit – Liebe und Blutsverwandtschaft, Christentum und Liebe – Religion, Liebe, Weisheit
13.5.1908	– Erinnerung an die Ahnen, Ahnenkult und -religion
16.5.1908	– Verwachsen mit der Rasse – Erde, Mond, Jupiter, Liebe, Weisheit – Erde – Kosmos der Liebe – Jupiter und zerstörende Kräfte der Liebe
1.6.1908	– Blut und Gedächtnis der Generationen, Gruppenseele

	– Christus Jesus und Blutsverwandtschaft – Gruppenseelentum, Familien-, Stammes-, Volkszusammenhänge, Rasse, Verschwinden der Rasse
GA 103	*Das Johannes-Evangelium*
20.5.1908	– Altes Testament, Gruppen, Volks-Ich, Vater Abraham, Blutsverwandtschaft, Fleisch – Christus, geistiger Zusammenhang
22.5.1908	– Liebe, Blutsverwandtschaft, Christus, Jehova, Gruppenseele, Gedächtnis der Generationen, Hochzeit von Kana
23.5.1908	– Blutsbande, Christusliebe, Nah- und Fernehe, Hochzeit von Kana
29.5.1908	– Blut der Generationen, Vater Abraham, Moses, Christus
30.5.1908 (10. Vortr.)	– Hochzeit zu Kana, Blutsbande und zukünftiges Wirken des Christus – Liebe, Ehe der Menschheit mit Geistselbst oder Manas
30.5.1908 (11. Vortr.)	– Eingeweihter und Familie, Volk – Erdgebiet, Hautfarbe, Rasse, Volksindividualität – Liebe in kleinen Gemeinschaften – Geistselbst und große Liebesgemeinschaft
31.5.1908	– Erkennen, Befruchtung, physisch, geistig – Inneres und Äußeres des Menschen und Männlich/Weiblich – Jungfrau Sophia, unbefleckte Empfängnis, Christus, Hochzeit zu Kana, Vater und Mutter des Christus Jesus
GA 104	*Die Apokalypse des Johannes*
25.6.1908	– Zusammenführen der Menschen durch das Blut, Blutsverwandtschaft, geistige Liebe, Jehova, Luzifer, Christus, Generationsreihen im Alten Testament

26.6.1908	– erster und letzter Adam, Mutter Erde, Menschensohn, Erdensohn
27.6.1908	– Fortpflanzung auf der alten Atlantis, Adam und Eva und Bewußtwerden der Geschlechtlichkeit – Ende der atlantischen Zeit und Gruppenseelenhaftigkeit des Menschen, Männliches und Weibliches

GA 105	*Welt, Erde und Mensch*
7.8.1908	– alte und neue Fortpflanzung
10.8.1908	– luziferische Wesenheiten, atlantische Zeit, Geister der Form, Christus, Jehova, Gesetz, Moses, Blut, Fortpflanzung, Liebe und Naturgesetze
11.8.1908	– Sinneswahrnehmung, Ernährung, Atmung und Befruchtung in urferner Vergangenheit

GA 106	*Ägyptische Mythen und Mysterien*
8.9.1908	– Zweigeschlechtlichkeit, Mond, Isis- und Osiris-Wirkung in diesem Zusammenhang, Lunge, Kehlkopf – Ätherleib bei Mann und Frau
9.9.1908	– Ungeschlechtlichkeit, Kentaur, Mond und Erde – Mondenaustritt, Geschlechtlichkeit und Zeichen des Skorpions, Sexualität
10.9.1908	– Schilderung aus der Mitte der Atlantis: Vorfahren der heutigen Männer und Frauen, Osiris- und Isis-Wirkung; AT: Schöpfung des Menschen, Zweigeschlechtliche Fortpflanzung; Befruchtung – Paradies

GA 107	*Geisteswissenschaftliche Menschenkunde*
16.11.1908	– Ehe und Ich-Kraft
8.12.1908	– lemurische Zeit; Geschlechtertrennung, Sinn, Individualisierung, Wirkung des Männlichen und des Weiblichen – Befruchtung – Auftritt; Ernährung und Befruchtung; Befruchtung und Wirken der Götter dabei

	– Leidenschaften, Triebe, sinnl. Begierde, sinnl. Liebe – Erbsünde
22.3.1909	– Frucht vor Vererbung, Geisteswissenschaft
27.4.1909	– Vererbung, Individualität – Aussuchen des Elternpaares

GA 109/111	*Das Prinzip der spirituellen Ökonomie im Zusammenhang mit Wiederverkörperungsfragen*
6.6.1909	– vorgeburtliche Hinleitung des Menschen zu Elternpaar, Volk, Rasse
7.6.1909	– Verhältnis Mutter-Kind vom Devachan aus – Fortpflanzungsvorgang, Liebe, astralische Strömungen, Vererbungslinie, irdische Befruchtung, Zusammengeführtwerden von Mann und Frau, Mutter-, Vaterliebe und Liebe des Kindes, Wahl der Eltern – Wirkung des Weibl. und des Männl. bei Fortpflanzung – Äther-Mutterhülle, astralische Mutterhülle
11.6.1909	– Blutsverwandtschaft, Blutsbande in alten Zeiten – Blutsliebe und Luzifer, Christus und die Liebe
12.6.1909	– erbliche Belastung und heutige Zeit – Kehlkopf und Zeugung, Geschlechtsreife, Stimmbruch – Ende der Rassenentwicklung

GA 110	*Geistige Hierarchien und ihre Widerspiegelung in der physischen Welt*
21.4.1909 (Fragenbeant.)	– Blutsverwandtschaft und Karma, Bedeutung der Blutsverwandtschaft – seelische Bande und Familienbande

GA 112	*Das Johannes-Evangelium im Verhältnis zu den drei anderen Evangelien*
2.7.1909	– Blutsbande in alten Zeiten, Verwandten-Ehe, Wirkung – Hochzeit zu Kana

3.7.1909	– alte Zeiten – nahe Ehe, Blutswirkungen, Bluts- und Volks-Ich – Wirkung des Männl. und Weibl. in der Fortpflanzung – Einweihung und Volkselement der Mutter, Christus
4.7.1909	– weibl. und männl. Element in der Vererbung in Bezug auf Wesensglieder – alte Einweihung, Stammes- und Blutsverwandtschaft, Römerherrschaft und Nahehe, Christus, geistige Liebe, alte Blutsliebe, Streit aller gegen alle – Vatermord, Ödipus-Sage, Judas-Sage, Hochzeit zu Kana, Golgatha, altes und neues Prinzip – Einweihung, Verbindung mit der Mutter, Tötung des Vaters, richtiges Verhältnis von Vater und Mutter im Menschen
5.7.1909	– Nahehe, Blutsverwandtschaft, Fernehe, Hellsehen – mütterliches und väterliches Element im Menschen – Blut, Träger vererbter mütterlicher Eigenschaften

GA 114	*Das Lukas-Evangelium*
15.9.1909	– physische Vererbungslinie, Wiederverkörperung des Ätherleibes, des Astralleibes, des Ichs
17.9.1909	– Abstreifen von physischer, ätherischer und astralischer Mutterhülle
18.9.1909	– lemurische Epoche, Menschenpaar, Hauptpaar, Nachkommen dieses Hauptpaares, Mondentrennung – alte Atlantis, Sonnenorakel und Nachkommenschaft von Adam und Eva, vom ersten Hauptpaar – Urmenschenpaar, luziferischer Einfluß, Sündenfall, Folgen für physischen und Ätherleib, alter Adam, neuer Adam
19.9.1909	– Vererbung, mütterliches und väterliches Element
20.9.1909	– Entwicklung des physischen Leibes im mütterlichen Leib und Verbindung mit der Individualität – Wert der Abstammung für Menschen bei Brahmanen und Buddha

21.9.1909	– Sündenfall, luziferischer Einfluß, Folgen für Ätherleib
26.9.1909	– Naturwissenschaft und Zusammenwirken des männlichen und weiblichen Keimes – Fähigkeiten aufgrund Abstammung, Vererbung, luziferischer Einfluß, Christus
GA 116	*Der Christus-Impuls und die Entwicklung des Ich-Bewußtseins*
9.3.1910	– Gegensatz Mann–Frau, Komet und Mond – Entwicklung der Frauen- und der Männerform – physischer und Ätherleib bei Mann und Frau – männl./weibl. Gehirn und Geisteswissenschaft
GA 117	*Die tieferen Geheimnisse des Menschheitswerdens im Lichte der Evangelien*
4.12.1909	– Gruppenseelenhaftigkeit, Altes Testament, Rasse, anthroposophische Bewegung, Rasse und 6. Kulturzeitraum
GA 118	*Das Ereignis der Christus-Erscheinung in der ätherischen Welt*
5.3.1910	– Gegensatz männlich-weiblich in Bezug auf Menschengeschlecht, Komet – Mond – Entwicklungsstufe des weibl. und männl. Leibes – männl. Eigenschaften bei der Frau, weibl. beim Mann, Ätherleib bei Mann und Frau – Mondentwicklung und Beziehungen der Geschlechter, Dauer der Schwangerschaft – männliches und weibliches Gehirn – Wirkungen von Mond und Komet im Männl. und Weibl.
13.3.1910	– Gegensatz von Mann–Frau im menschl. Organismus – Entwicklung des weibl. und männl. Leibes – lemurische Zeit – Trennung in Mann und Frau – Komet/Mond und Männl./Weibl.

10.5.1910	– äußere Gestalt des Menschen männlich oder weiblich – heutige Entwicklung des männlichen bzw. weiblichen Leibes – Mond/Komet und Mann/Weib – Gehirn bei Mann und Frau
15.5.1910	– Mensch durch Geburt zweifach bestimmt – alte Völker, Religionen, Blutsverwandtschaft – Mutter- und Vaterprinzip in der Vererbung, Individualität, Blutszusammenhang, Geist des Volkes, Christus-Impuls

GA 120	*Die Offenbarungen des Karma*
26.5.1910	– Erfahrungen und karmische Wirkungen der Erlebnisse einer Inkarnation als Mann bzw. als Frau – Inkarnationsfolge hinsichtlich des Geschlechtes

GA 122	*Die Geheimnisse der biblischen Schöpfungsgeschichte*
25.8.1910	– Adam und Eva
26.8.1910	– Physischer und Ätherleib bei Mann und Frau – 6. Schöpfungstag, Elohim, Mensch – männlich/weiblich, menschliche Fortpflanzung damals

GA 123	*Das Matthäus-Evangelium*
3.9.1910	– Zahlengesetz der Vererbung in der Generationsreihe
5.9.1910	– Einfluß der Vererbung, Ahnenreihe, 42 Generationen und physischer und Ätherleib
6.9.1910	– Dauer einer Generation in alten Zeiten – Namen, Gedächtnis innerhalb einer Reihe von Generationen und Blut
11.9.1910	– Vererbung, Blutsverbände, Liebe – Menschengemeinschaften, Blutsverwandtschaft und bewußtes Ich
12.9.1910	– Blutsverwandtschaft, Erneuerung der alten Bande durch Christus am Kreuz, neue Gemeinschaft

GA 127	*Die Mission der neuen Geistesoffenbarung*
7.1.1911	– Storchenbild, Reinkarnation, Abstammung
3.5.1911	– Erbsünde, Luzifer, Ich-Entwicklung – Folge der Erbsünde, Christus
14.6.1911	– Liebe, Egoismus, Liebessehnsucht, Geschlechtsliebe

GA 128	*Eine okkulte Physiologie*
28.3.1911	– Zusammenwirken des männlichen und weiblichen Keimes aus okkulter Sicht; Folgen einseitiger Wirkungen

GA 130	*Das esoterische Christentum und die geistige Führung der Menschheit*
18.11.1911	– Freundsche Schule, Traum als eine Symbolisierung des sexuellen Lebens
2.12.1911	– Stamm-Menschenpaar der Menschheit, Adam und Eva, Blutsverwandtschaft, geistiger Adam, Christus
27.1.1912	– Ich, Blutsbande und Bildung menschlicher Gemeinschaften
29.1.1912	– Aufklärung der Kinder, Storch, Imaginationen
8.2.1912	– Eltern und Kinder, Zusammensein in verschiedenen Inkarnationen

GA 133	*Der irdische und der kosmische Mensch*
19.3.1912	– Vererbung und Befruchtung in älteren Zeiten, atlantische Zeit, Übergang zu gegenwärtiger Form – Vererbungs- und Reinkarnationsverhältnisse – Doppelgeschlechtlichkeit und Differenzierung in das Männliche und Weibliche
14.5.1912	– Liebe und Sexualität

GA 135	*Wiederverkörperung und Karma*
20.2.1912	– Verbindung mit Eltern und Geschwister in vorheriger oder nachfolgender Inkarnation
5.3.1912	– wie 20.2.1912 zunächst – Ehe eine Inkarnation, nächste Blutsverwandtschaft – Bildung von Familienkonstellationen

GA 136	*Die geistigen Wesenheiten in den Himmelskörpern und Naturreichen*
5.4.1912	– Liebestaten und Folgen – Sinnbild für Liebe

GA 137	*Der Mensch im Lichte des Okkultismus, Theosophie und Philosophie*
6.6.1912	– Mystikerinnen, Eigentümlichkeit der Frauennatur bei Seelenerlebnissen

GA 139	*Das Markus-Evangelium*
23.9.1912	– Ehe, Scheidung, Irdisches und Außerirdisches hierzu
24.9.1912	– Menschentum und Mann und Frau, Einseitigkeit der Geschlechter, Geschlechtswandel durch die Inkarnationen – Gehirn bei Mann und Frau, Aufnahme spiritueller Ideen

GA 140	*Okkulte Untersuchungen über das Leben zwischen Tod und neuer Geburt*
27.10.1912	– Embryonalleben, kosmisches Leben, Empfängnis
3.11.1912	– Menschenkeim, Abbild des Kosmos
15.12.1912	– Vorbereitung einer neuen Inkarnation
26.1.1913	– Gemeinschaft mit Verstorbenen, Beispiel einer Familie

16.2.1913	– Zusammenarbeit der Seelen im Hinblick auf Bildung von Verwandtschaftsnetzen vor der Inkarnation einer Seele
17.2.1913	– Bildung des Menschen, irdischer und kosmischer Anteil
10.3.1913	– physische Vererbungslinie und Individualität, Karma, Gaben höherer Wesenheiten zwischen Tod und neuer Geburt
5.4.1913	– Vererbung und Kräfte aus dem Kosmos
27.4.1913	– Engel und physische Geburt – Bestimmung von Zeit, Ort, Volk, Ahnen im Hinblick auf die nächste Inkarnation – Wirkung von Vererbungslinie und übersinnlicher Welt
11.10.1913	– Wahl des Elternpaares, Vorschau auf das Schicksal

GA 141	*Das Leben zwischen dem Tode und der neuen Geburt im Verhältnis zu den kosmischen Tatsachen*
11.2.1913	– Vorbereitung einer nächsten Inkarnation, Verbindung mit Ahnenreihe – Vererbungsverhältnisse und physischer Leib
1.4.1913	– Freimachen der Seele von Blutsbanden im Geisterland

GA 143	*Erfahrungen des Übersinnlichen.* *Die Wege der Seele zu Christus*
8.5.1912	– Zusammenwerfen von Sexualität und Liebe in der Gegenwart
17.12.1912	– Taten der Liebe, Freiheit, Selbstliebe – sinnliche, geistige Liebe – Gott und Liebe – Liebe, Weisheit, Macht – Liebe, Vergangenheit, Zukunft – Liebe und das Mysterium von Golgatha – Liebe, Blutsverwandtschaft, Jehova

GA 145	*Welche Bedeutung hat die okkulte Entwicklung des Menschen für seine Hüllen . . .*
26.3.1913	– Mutterliebe und Egoismus
GA 146	*Die okkulten Grundlagen der Bhagavad Gita*
1.6.1913	– Vererbungskraft, Gesundheit des Gehirns, Schlaflosigkeit – Kasteneinteilung, Ahnenverehrung
3.6.1913	– Regenerationskräfte beim schlafenden Menschen, Fortpflanzungskräfte – Kräfte der Generation bei Kind und Erwachsenen, Geschlechtsreife
GA 147	*Die Geheimnisse der Schwelle*
25.8.1913	– luziferische, egoistische, sinnliche und geistige Liebe, Perversitäten, Männer und gewisse Formen des Liebeslebens
GA 150	*Die Welt des Geistes und ihr Hereinragen in das physische Dasein*
5.5.1913	– Meditation und Erkennen der Kräfte, die uns zu Vererbungsströmung, Eltern, Ahnen, physischem Körper hinziehen
8.6.1913	– Beziehung von Mann und Frau zu Natur und Geist, Gehirn und Nervensystem, spirituellen Wahrheiten – Geschlechtswechsel beim Gang durch die Inkarnationen
GA 158	*Der Zusammenhang des Menschen mit der elementarischen Welt*
14.11.1914	– Väterliches und Mütterliches in der Vererbung in bezug auf die Wesensglieder, Wirkung elementarischer Wesenheiten, Beispiel: Herman Grimm
15.11.1914	– Hinweis auf ein Bild Albrecht Dürers und Zurückfallen von Männern in die Triebwelt während der Schlafenszeit

1.1.1912 (Ansprache)	– Traumlied des Olaf Åsteson, hellseherisches Ahnenbewußtsein, Liebe, die sich im Blut fortpflanzt
7.1.1913 (Ansprache)	– Olaf Åsteson, Blut der Generationen, Hellsehen
31.12.1914 (Ansprache)	– Brüderlichkeit, Freiheit in menschlicher Blutsverwandtschaft, Familie

GA 161	*Wege der geistigen Erkenntnis und der Erneuerung künstlerischer Weltanschauung*
2.2.1915	– Bild der Mutter, Bild des Vaters vor der Geburt

GA 168	*Die Verbindung zwischen Lebenden und Toten*
10.10.1916	– Verstehen von Eltern und Kindern und Geschwistern heute

GA 169	*Weltwesen und Ichheit*
4.7.1916	– Psycho-Sexualität, Freud, Psychoanalyse, Paradieserzählung, Gesichtspunkte des Geistigen

GA 170	*Das Rätsel des Menschen. Die geistigen Hintergründe der menschlichen Geschichte*
29.7.1916	– Besprechung der Bücher O. Weiningers «Geschlecht und Charakter» und «Über die letzten Dinge» und einige Ausführungen zu dessen Biografie
31.7.1916	– Uranos, Gäa und menschliche Leibesgestaltung – Geschlechtlichkeit im 1. Jahrsiebt – Uranos und Gäa und 1. Jahrsiebt – Mensch, Erde und Mensch als Geschlechtswesen

GA 172	*Das Karma des Berufes des Menschen in Anknüpfung an Goethes Leben*
27.11.1916	– Ahnenkulte – Hierarchien und Familie, Volk – luziferische Verführung – Zweck

GA 173	*Zeitgeschichtliche Betrachtungen* *Das Karma der Unwahrhaftigkeit – Erster Teil*
21.12.1916	– nordische Mysterien der Ingävonen und geschlechtliche Verbindung, Empfängniszeit und Zeit der Geburten – Empfängnis damals und Bewußtsein dabei – Herta- oder Erda- oder Nertus-Sage – Nertus und Mutter Erde – Nertus und Verkündigung – Verbindung der Menschenform mit der geistigen Welt und echter Herta-Dienst, dessen Ahrimanisch-Gewordensein und die Walpurgisnacht – Ausstreuung der Menschenfrucht über das ganze Jahr hin
24.12.1916	– Fortpflanzung bei dem germanischen Stamm der Ingävonen, Zeit der Verbindung von Mann und Frau, Ankündigung des Kindes – Sternenkonstellation und Geborenwerden – Nertus-Dienst, Herta-Dienst

GA 175	*Bausteine zu einer Erkenntnis des Mysteriums von Golgatha*
10.4.1917	– Unfruchtbarwerden der Menschenfrauen, Ende des Kindergebärens
12.4.1917	– Sündenfall, Pflanzenwelt und Befruchtung – Psychoanalyse, Sexualität – Sexualitätsprinzip und Mineralreich, Pflanzenreich und Reich der kaltblütigen Tiere – Erbsünde, luziferische Versuchung, warmblütige Tiere, moralische und Naturordnung, Denken, Christus-Impuls – Unfruchtbarwerden der Frauen, Ende der gegenwärtigen Art der Fortpflanzung der Menschheit

GA 177	*Die spirituellen Hintergründe der äußeren Welt* *Der Sturz der Geister der Finsternis*
7.10.1917	– Unfruchtbarwerden der Menschenfrauen

8.10.1917	– Elohim, Luzifer, Organe der niederen Natur des Menschen, gewisse Symbole alter Völker
26.10.1917	– Vertreibung aus dem Paradies, Vererbung, Geister der Finsternis, des Lichtes – Blutsbande, Rassen-, Volks- und Stammeszugehörigkeit, Bedeutung früher und heute

GA 180	*Mysterienwahrheiten und Weihnachtsimpulse Alte Mythen und ihre Bedeutung*
5.1.1918	– Reifezeit bei Knaben und Mädchen, Bedeutung sexueller Symbole in alten Zeiten – Sexualessenzen – Empfindungen bei Empfang eines Kindes in alten Zeiten – zweifache Verwendung des Wortes Geschlecht – Kraft der Fortpflanzung und nationales Pathos

GA 181	*Erdensterben und Weltenleben. Antroposophische Lebensgaben. Bewußtseinsnotwendigkeiten für Gegenwart und Zukunft*
2.4.1918	– vorgeburtliche Verbindung zu künftigen Eltern, Generationenfolge – Fortpflanzung und Organismus des Mutterwesens
3.7.1918	– Frauen mehr luziferisch; Männer mehr ahrimanisch

GA 182	*Der Tod als Lebenswandlung*
9.10.1918	– Veränderungen bzw. Wandlung gewisser instinktiver Erkenntnisse, die zusammenhängen mit Geburt, Empfängnis, Konzeption, mit dem ganzen sexuellen Leben

GA 186	*Die soziale Grundforderung unserer Zeit – In geänderter Zeitlage*
29.11.1918	– Blut, Vererbung, Denken, Jahve, Christus

1.12.1918	– eugenetische Fähigkeiten bei den Menschen des Ostens, Menschenfortpflanzung und Willkür und Zufall, Sternenkonstellation und Empfängnis
6.12.1918	– Liebe, Selbstliebe
7.12.1918	– 5. nachatlantischer Zeitraum und Kräfte der Embryonalzeit – Jahve, Christus, Blut, Vererbung, Blutsbande und Regelung der Weltenordnung, Blutskultur

GA 191	*Soziales Verständnis aus geisteswissenschaftlicher Erkenntnis*
5.10.1919	– männliche/weibliche Kraft, Sonnen- und Mondenhaftes, Menschheitsfortpflanzung
19.10.1919	– Blutsverhältnisse, Sippe, Familie, alte soziale Strukturen

GA 192	*Geisteswissenschaftliche Behandlung sozialer und pädagogischer Fragen*
1.1.1919	– Naturwissenschaft und Embryologie

GA 193	*Der innere Aspekt des sozialen Rätsels*
8.2.1919	– Geburt und schicksalsmäßige Zusammenhänge mit Familie und Volk

GA 196	*Geistige und soziale Wandlungen in der Menschheitsentwicklung*
16.1.1920	– Ende des Kindergebärens, Ende der physischen Menschheit auf der Erde
6.2.1920	– Menschengemeinschaften aufgrund von Blutsverwandtschaft, nationales Prinzip – Blutsgemeinschaft und luziferisch-ahrismanische Mächte, früher und heute, Christus – Verhältnis Eltern–Kind, Familienegoismus, Familienaristokratentum, Christus

GA 198	*Heilfaktoren für den sozialen Organismus*	
3.4.1920	– Blut, Blutsverwandtschaft, Urweisheit in alten Zeiten, menschliche Erkenntnis, christliche Gemeinschaften, Volksgemeinschaften – Blutsprinzip, Nationalitätsbewußtsein, Nationalismus	

GA 200	*Die neue Geistigkeit und das Christus-Erlebnis des 20. Jahrhunderts*
31.10.1920	– Sich-Erleben bloß in vererbten Eigenschaften – Blutsverwandtschaft und blutsverwandte Eigenschaften der Nationen

GA 212	*Menschliches Seelenleben und Geistesstreben im Zusammenhange mit Welt- und Erdenentwicklung*
6.5.1922	– Mondenhaftes und Sonnenhaftes im Zusammenhang mit Fortpflanzungs- und Vererbungskräften – Fortpflanzung und Vererbung

GA 217 a	*Die Erkenntnis-Aufgabe der Jugend*
8.9.1921 (Aussprache)	– Sexualität bei Kindern – Erotik, soziales Leben, gesunde Erotik

GA 218	*Geistige Zusammenhänge in der Gestaltung des menschlichen Organismus*
20.10.1922	– physischer Menschenkeim – Geistkeim – Herabstieg zu neuem Erdenleben, Zeit vor der Empfängnis
5.11.1922	– Arbeit am Geistkeim, Geistleib; Begierde zur Wiederverkörperung; Abstieg Geistkeim – Vererbungsströmung – Mond und Geschlecht, Haar- und Augenfarbe im nächsten Erdenleben
12.11.1922	– Sphären von Mond, Venus und Merkur im Zusammenhang mit Geschlecht, Familie und Volk

17.11.1922	– Fortwirken der irdischen Verbindung über den Tod hinaus, z. B. Familie
19.11.1922	– Trieb, Drang zu neuer Inkarnation, Geistkeim Abstieg, Fortpflanzungsströmung, physisches Elternpaar
7.12.1922	– Geistkeim Bildung, Abstieg – Mond und männliche oder weibliche Inkarnation
GA 219	*Das Verhältnis der Sternenwelt zum Menschen und des Menschen zur Sternenwelt*
26.11.1922	– Geistkeim – Ausarbeitung, Größe, Aufgabe, Verbindung mit physischen Erdenkräften, Vererbungsströmung
15.12.1922	– Geistkeim des physischen Leibes – Bildung
GA 223	*Der Jahreskreislauf als Atmungsvorgang der Erde und die vier großen Festeszeiten*
27.9.1923	– Mineral, Pflanze, Tier, Mensch und Triebleben, Drache, Schlange, Bild von Michael u.d. Drachen
GA 224	*Die menschliche Seele in ihrem Zusammenhang mit göttlich-geistigen Individualitäten. Die Verinnerlichung der Jahresfeste*
23.5.1923	– Bildung Geistkeim, Abstieg; physischer Menschenkeim; Hinweis auf Wissenschaft in diesem Zusammenhang; Leib nicht von Eltern und Voreltern allein aufgebaut
GA 225	*Kulturphänomene*
22.7.1923	– Liebe, Erotik, Sexualität – Genius der Liebe, Dämon der Liebe
GA 226	*Menschenwesen, Menschenschicksal und Welt-Entwicklung*
17.5.1923	– Bildung Geistkeim, materialistische Physiologie und Eikeim

	– Blick aus geistiger Welt auf Generationenreihe bis zu den Eltern; Geistkeim, Abstieg, Konzeption
19.5.1923	– Vererbung, Karma, Hinwendung zur Generationenfolge im Vorgeburtlichen

GA 227	*Initiations-Erkenntnis*
29.8.1923	– Bildung Geistkeim; Blick auf Generationenreihe aus geistiger Welt, Verbindung Geistkeim und phyischer Keim

GA 229	*Das Miterleben des Jahreslaufes in vier kosmischen Imaginationen*
6.10.1923	– Frau, Mutter, weiblicher Organismus und Monden-/Sonnenwirkung und Entwicklung eines neuen Menschen; Sixtinische Madonna – Vater und altes germanisches Rechtsbewußtsein
7.10.1923	– Fortpflanzung und Jahreslauf in früheren Zeiten – Verteilung der Geburten übers Jahr, luziferischer Einfluß, Freiheit
12.10.1923	– Erdenmutter, Stoffmutter, Geistvater, ihr Zusammenwirken
13.10.1923	– Eintreten der Seelen in die Erdensphäre zur irdischen Verkörperung, Warten auf die Geburt, Erzengel Gabriel, Uriel – Eindringen des Samens ins Ei

GA 233	*Die Weltgeschichte in anthroposophischer Beleuchtung*
30.12.1923	– Fortpflanzung, Eiweiß, Kräfte des Weltenalls, physische Kräfte, Keim, Same, Makrokosmos

GA 239	*Esoterische Betrachtungen karmischer Zusammenhänge – Band V*
29.3.1924	– Eikeim und Naturwissenschaft, Sinn der Befruchtung

GA 243	*Das Initiaten-Bewußtsein*
14.8.1924	– Gleichberechtigung in alten Zeiten

GA 257	*Antroposophische Gemeinschaftsbildung*
27.2.1923	– Blutsbande und Gemeinschaftsbildung – antroposophische Gemeinschaften
3.3.1923	– Bewußtseinsseelenzeitalter, Familiengemeinschaft

GA 264	*Zur Geschichte und aus den Inhalten der ersten Abteilung der Esoterischen Schule 1904–1914*
14.5.1904 (Brief)	– Familie, ihr Selbst heute
13.12.1905	– Buddha, weibliches und männliches Element
Juni/Juli 1906 (Brief)	– Verwandtschaft aller höheren Menschenkräfte mit Kräften der Sexualsphäre
20.9.1907 (Brief)	– Sexualität, okkulte Entwicklung, Fortpflanzung, Frau, weibliche Pflichten, Askese
19.4.1909	– Gabriel und menschliche Geburten

GA 265	*Zur Geschichte und aus den Inhalten der erkenntniskultischen Abteilung der Esoterischen Schule 1904–1914*
II	Dokumente aus den Inhalten der erkenntniskultischen Abteilung Erläuterungen zur Tempellegende – Kain und Abel, Adam und Eva, Jahve, Christus – Kain-Mensch, Abel-Mensch und Geschlechtlichkeit – Entstehung der Geschlechter – Urväter der Menschheit, Erdenmutter, große Mutter – Eva und polarische Rasse, heutige Frau – Gegensatz Abel-Kain, weiblich-männlich, physisch, ätherisch, Fortpflanzung und Intuition – Schöpfungsgeschichte und Kain und Abel, Brudermord – Geschlechtertrennung, Egoismus, Freiheit

- Gruppen-Ich, Stammes-Ich, Eingeweihte in alten Zeiten, Eingeweihte und Volkskarma, alte Einweihung
- gemeinsames Blut, Liebe, Ich des Stammes, Stammvater, Mondenkräfte, Sonnenkraft, Christentum und Individualität

GA 272/273 *Geisteswissenschaftliche Erläuterungen zu Goethes Faust Band I und II*

GA 272, Band I

23.1.1910	– Ewig-Weibliches, Ewig-Männliches
15.8.1915	– Männliches und Weibliches im Verhältnis zum Makrokosmos – weibliche Organe und Saturn-, Sonnen- und Mondenentwicklung, «Mater gloriosa»
16.8.1915	– Das Reich der Mütter; Mater gloriosa – Luzifer und Ahriman und weibl. und männl. Gestalt, weibl. und männl. Organismus – Erklärung des Begriffes «Lebechöre» – Hellsehen und Weibliches und Männliches – Neutralisierung, Ausgleich des Männlichen bzw. Weiblichen
20.8.1916	– Luzifer und Ahriman und Mann und Frau, Verführung Adams (durch Eva) und Gretchens (durch Faust); Göttersöhne und Töchter der Menschen
10.9.1916	– Mephistopheles und geschlechtliche Fortpflanzung, Liebe der Geschlechter; Homunkulus; Naturwissenschaft und Rätsel der Embryologie, Geheimnis der Fortpflanzung; Asketen, Heilige und geschlechtliche Fortpflanzung

GA 273, Band II

27.1.1917	– Ätherleib beim Mann – Lilith der Sage nach Adams erste Frau und Luzifers Mutter

2.11.1917	– Mütter: Rhea, Demeter, Proserpina – Kosmos, mütterliches Prinzip, weibliches Wesen und Bildung des physischen Menschenkeimes; Prozeß vor der Befruchtung – materielle Vorstellung zur Bildung des physischen Menschenkeimes
4.11.1917	– Blutsbande und Geister der Finsternis; Blutsbande in der 4. nachatlantischen Epoche und heute; Ödipus, Paris, Judas

GA 279	*Eurythmie als sichtbare Sprache*
24.6.1924	– physischer und ätherischer Mensch, Kehlkopf und Uterus, Sprechen und Sexualfunktion, mütterlicher Organismus, männliches Geschlecht

GA 283	*Das Wesen des Musikalischen und das Tonerlebnis im Menschen*
26.11.1906	– physische Vererbung, Karma, musikalisches Talent

GA 293	*Allgemeine Menschenkunde als Grundlage der Pädagogik (I)*
22.8.1919	– Sexualsphäre und Gliedmaßensystem
4.9.1919	– Naturwissenschaft und Sexualität, Gerede über Art der sexuellen Aufklärung

GA 295	*Erziehungskunst. Seminarbesprechungen und Lehrplanvorträge (III)*
3.9.1919	– sexuelle Aufklärung

GA 296	*Die Erziehungsfrage als soziale Frage*
9.8.1919	– geschlechtliches Liebesleben, allgemeine Menschenliebe
17.8.1919	– Gegenwartskultur, Frauenbewegung und Männerwelt

GA 298	*Rudolf Steiner in der Waldorfschule*
13.1.1921 (Ansprache)	– Verhältnis Vater/Mutter und Kind – Liebe zwischen Mann und Frau
22.6.1923 (Ansprache)	– Kind bis zum Zahnwechsel und Elternhaus
1.6.1924	– Beziehung Kind–Eltern

GA 300 a–c	*Konferenzen mit den Lehrern der Freien Waldorfschule 1919–1924*
Band 1	*– Konferenzen*
22.9.1920	– methodischer Hinweis zur Sexualerziehung
22.11.1920	– Kinder und Familienverhältnisse
Band 2	*– Konferenzen*
16.11.1921	– Sexualität, Geschlechtsfragen, Jungen – Mädchen
28.10.1922	– Eltern – Kinder und Krankheiten
Band 3	*– Konferenzen*
18.9.1923	– Frau in Griechenland – Frauen und Männer als Lehrer – Männer sind dekadent
27.3.1924	– Vererbung

GA 302	*Menschenkenntnis und Unterrichtsgestaltung*
16.6.1921	– sexuelles Reifwerden; Astralleib bei Mädchen und Knaben, Frau und Mann, Verhältnis zu anderen Wesensgliedern

GA 302 a	*Erziehung und Unterricht aus Menschenerkenntnis*
21.6.1922	– Erziehung und Unterrichten vor und nach der Geschlechtsreife – Machtkitzel und Erotik

GA 303	*Die gesunde Entwickelung des Leiblich-Physischen als Grundlage der freien Entfaltung des Seelisch-Geistigen*
4.1.1922	– Geschlechtsreife, pädagogische Fragen – Geschlechtsreife und Mann und Frau, Umwandlung in dieser Zeit – allgemeine Liebe und Liebe zw. Mann und Frau – Menschheit und Mann und Frau, soziales Leben – heute Männerzivilisation, Frauenfrage, Frauenbewegung – Liebe bei Mann und Frau – Sehnsucht von Mann und Frau

GA 305	*Die geistig-seelischen Grundkräfte der Erziehungskunst*
19.8.1922	– Vererbung und Auseinandersetzung mit Vererbung
25.8.1922	– Geschlechtsreife, Entwicklung von Knaben und Mädchen – Blut, Nervensystem, Außenwelt, Innenwelt – Differenzierung und Gleichberechtigung der Geschlechter
28.8.1922	– Familie und soziale Ordnung – Frauenfrage

GA 307	*Gegenwärtiges Geistesleben und Erziehung*
8.8.1923	– Geschlechtsreife und damit verbundene Veränderungen bei physischem Leib und Ätherleib – Geschlecht des Ätherleibes bei Mann und Frau

GA 312	*Geisteswissenschaft und Medizin*
30.3.1920	– männliches und weibliches Geschlecht und kosmisch-peripherische und tellurische Kräfte – Embryologie, Befruchtung, Gestaltungskräfte des Kosmos, Anteil männlicher und weiblicher Kräfte
2.4.1920	– männl. und weibl. Kräftesystem und Verwandtschaft mit Irdischem und Außertellurischem – Wirkung von Mistel, Christrose, Nieswurz bei Mann und Frau

8.4.1920	– Vererbung, Männliches/Weibliches, Kosmos/Erde – Erbkrankheiten, Gesunderhaltung der Frauenwelt, Bluterkrankheit
9.4.1920	– Zahnbildungs- und Sexualisierungsprozeß

GA 313	*Geisteswissenschaftliche Gesichtspunkte zur Therapie*
11.4.1921	– Embryo und Wirkung des elterlichen Organismus – Sexualsystem, Egoismus
14.4.1921	– Stoffwechselstörungen zwischen Zahnwechsel und Geschlechtsreife, mangelhaftes Einkoppeln des Ichs in den Organismus, männliches und weibliches Geschlecht
16.4.1921	– weiblicher und männlicher Uterus
17.4.1921	– Milchabsonderung bei der Frau

GA 314	*Physiologisch-Therapeutisches auf Grundlage der Geisteswissenschaft*
9.10.1920	– Vererbung, Fortpflanzung, Zusammenwirken von Männlichem und Weiblichem, Irdisches und Außerirdisches; weiblicher Organismus und Keimbildung; Bluterkrankheit
27.10.1922 I	– Geschlechtsreife und physische Entwicklung
27.10.1922 II	– Geschlechtsreife und Stoffwechselsystem, männliches Geschlecht, Nerven-Sinnes-System, weibl. Geschlecht und Krankheiten, Geschlechtskrankheiten
2.1.1924	– Tripper, Syphilis, Schanker, Vereinigung von männlichem und weiblichem Samen, Sonnen und Mondenkräfte – Eva und die Fortpflanzung des Menschengeschlechtes – asthmatische Erscheinung und Embryonalleben

GA 316	*Meditative Betrachtungen und Anleitungen zur Vertiefung der Heilkunst*
8.1.1924	– Herz, Uterus, Sonne, Mond – Tierkreis und männlich/weiblich
21.4.1924	– Vererbungsströmung – Herkunft – Auseinandersetzung mit Vererbungsströmung
Anhang –	1. Rundbrief, Goetheanum 11.3.1924 (Rudolf Steiner, Dr. I. Wegman) – Schwangerschaftsunterbrechung – Karma der Beteiligten

GA 317	*Heilpädagogischer Kurs*
25.6.1924	– Erbkräfte, Eltern, Vorfahren – Auseinandersetzung mit Vererbungsleib – Geschlechtsreife – Erdenreife
28.6.1924	– Embryonalzeit, Erziehung und Verhalten der Mutter
3.7.1924	– Vererbungsverhältnisse, Wirkung Vater/Mutter
7.7.1924	– Mutter und Muttermilch

GA 318	*Pastoral-Medizinischer Kurs*
11.9.1924	– Erbstrom und Auseinandersetzung damit

GA 323	*Das Verhältnis der verschiedenen naturwissenschaftlichen Gebiete zur Astronomie*
1.1.1921	– Embryologie und Astronomie – männl. und weibl. Geschlechtszelle, Ruhe und Bewegung, Makrokosmos
2.1.1921	– Embryologie und Astronomie – weibliche Funktionen und Mondphasen
3.1.1921	– Menschliche Fortpflanzung, kosmisches Leben – weibl. Organismus, Mondphasen, männl. Organismus, Erinnerung

5.1.1921	– weibl. Organismus, Mondenvorgänge und Erinnerung – Eikeim, Befruchtung, Embryo, kosmische Vorgänge und menschliches Inneres – biblische Schöpfungsgeschichte und embryologische Tatsachen – Astronomie und Embryologie
7.1.1921	– Sehvorgang und Befruchtungsvorgang – weibl. Leben, Phantasieleben des Universums, männl. Leben, Konturen
8.1.1921	– Mondphasen, Vorgänge des Weltalls, weibl. und männl. Natur

GA 332 a	*Soziale Zukunft*
30.10.1919	– Egoismus, Liebe, Altruismus – Egoismus und Mutterliebe, Familie, Volk

GA 347	*Die Erkenntnis des Menschenwesens nach Leib, Seele und Geist. Über frühe Erdenzustände*
9.9.1922	– Bildung des Menschen im Mutterleib
23.9.1922	– Mond und Fortpflanzung, Sonne und Erde
27.9.1922	– Mond und Fortpflanzung früher und heute – Sonne und Fortpflanzungskräfte
30.9.1922	– Adam Kadmon, Abstammung aller Menschen, alte bildliche Wissenschaft hierzu

GA 348	*Über Gesundheit und Krankheit* *Grundlagen einer geisteswissenschaftlichen Sinneslehre*
8.1.1923	– Wirkung des Alkohols bei Mann und Frau, bei Fortpflanzung, beim Kind

GA 349	*Vom Leben des Menschen und der Erde.* *Über das Wesen des Christentums*
4.4.1923	– Wissenschaft und Vererbung, Befruchtung, Bildung des Menschen, Vererbung und Nachahmung

GA 350	*Rhythmen im Kosmos und im Menschenwesen. Wie kommt man zum Schauen der geistigen Welt?*
16.6.1923	– Beispiel für Wirkung der Menschen aufeinander, hier: Mutter – Tochter
25.6.1923	– alte Zeiten, Fortpflanzung und Mond
20.7.1923	– Befruchtung, Schwangerschaft und Atmung, menschliche Leibesatmung und kosmische Atmung
11.9.1923	– Mithraskulte, Leidenschaften, Sexualität, Skorpion

GA 351	*Mensch und Welt. Das Wirken des Geistes in der Natur – über das Wesen der Bienen*
20.10.1923	– Fortpflanzung und Denken – Fortpflanzung und Wasserstoff, männlicher Same, Soda und Phosphor, weiblicher Eikeim, Eiweiß – Art der Fortpflanzung bei niederen und höheren Tieren, beim Menschen, Urzeugung

Vortrag vom 27.11.1910, Bremen – Erkenntnis und Unsterblichkeit

(noch nicht in GA veröffentlicht)

in:	Beiträge zur Rudolf Steiner Gesamtausgabe Nr. 98, Weihnachten 1987, Dornach Hsg. Rudolf Steiner, Nachlaßverwaltung
S. 3 ff.:	– Individuelles und Gattungsmäßiges im Zusammenhang mit Vererbung – Goethe und Mütterliches und Väterliches

Die Frau im Lichte der Goetheschen Weltanschauung
Ein Beitrag zur Frauenfrage

Stenographische Notizbucheintragungen zu einem Vortrag vom 29. Dezember 1889 in Hermannstadt, Siebenbürgen

in:	Beiträge zur Rudolf Steiner Gesamtausgabe Nr. 61/62, Ostern 1978, Dornach Hsg. Rudolf Steiner Nachlaßverwaltung